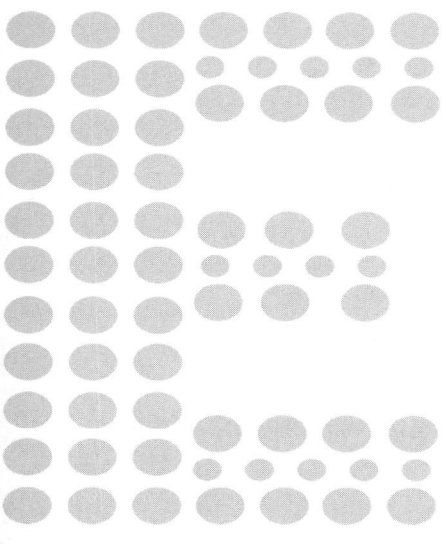

U0512644

Research on the Allocation of Development Financial Resources in China
—Based on the Practice of China Development Bank

中国开发性金融资源配置问题研究
——基于国家开发银行的实践

潘成龙　著

中国财经出版传媒集团
经济科学出版社
Economic Science Press

图书在版编目（CIP）数据

中国开发性金融资源配置问题研究：基于国家开发银行的实践/
潘成龙著 . —北京：经济科学出版社，2020. 3
　　ISBN 978 - 7 - 5218 - 1353 - 1

　　Ⅰ. ①中…　Ⅱ. ①潘…　Ⅲ. ①国家开发银行 - 金融 - 资源配置 -
研究　Ⅳ. ①F832. 32

中国版本图书馆 CIP 数据核字（2020）第 037343 号

责任编辑：王　娟　郭　威
责任校对：杨　海
责任印制：李　鹏　范　艳

中国开发性金融资源配置问题研究
——基于国家开发银行的实践
潘成龙　著
经济科学出版社出版、发行　新华书店经销
社址：北京市海淀区阜成路甲 28 号　邮编：100142
总编部电话：010 - 88191217　发行部电话：010 - 88191522
网址：www. esp. com. cn
电子邮箱：esp@ esp. com. cn
天猫网店：经济科学出版社旗舰店
网址：http：//jjkxcbs. tmall. com
北京季蜂印刷有限公司印装
710 × 1000　16 开　9.25 印张　170000 字
2020 年 4 月第 1 版　2020 年 4 月第 1 次印刷
ISBN 978 - 7 - 5218 - 1353 - 1　定价：38.00 元
（图书出现印装问题，本社负责调换。电话：010 - 88191510）
（版权所有　侵权必究　打击盗版　举报热线：010 - 88191661
QQ：2242791300　营销中心电话：010 - 88191537
电子邮箱：dbts@ esp. com. cn）

序　言

谢朝斌

　　经过一段时间的沉淀，成龙决定把他的博士论文修改润色后公开出版，这是一件十分令人高兴而且也是我一直在盼望着的事情。作为这篇论文研究写作过程的直接见证人和第一读者，我深知其来之不易，也深切了解这一研究成果对于它的写作者非同寻常的意义，当成龙希望我为即将付梓印行的专著写作短序时，我非常愉快地接受了这个请求。

　　本书研究的"开发性金融"这一主题，在过去很长时间里并不受主流经济学的青睐。在古典经济学和新古典经济学乃至凯恩斯经济学的大殿中，"开发性金融"是没有名分的。但是，开发性金融实践起步很早。开发性金融机构最早出现于19世纪的欧洲。当时正值欧洲产业革命，市场经济迅速发展，股份制企业出现，伴随着资本市场开拓，出现了一批具有开发性质的金融机构。1852年成立的法国信贷动产银行通过接受存款和出售股票动员储蓄，投资于长期开发项目，然后将项目股份向公众出售。尽管这家银行没有对其投资组合风险进行有效管理，不得不于1867年关闭歇业，但它被视为现代开发银行的先驱。在欧美，19世纪末到20世纪初，各种类型的投资银行蓬勃兴起，为以大量生产、大量销售和大量消费为特征的工业化提供长期资金，在某种意义上起到了开发银行的作用。20世纪30年代的大萧条时期，各国经济遭受重创，金融机构萎缩倒闭，为应对空前危机，启动投资，恢复经济，各国政府纷纷筹建开发性金融机构，如美国复兴金融公司。"二战"后更是如此，如日本开发银行、德国复兴信贷银行等一批著名开发性金融机构横空出世。发展中国家最早设立开发性金融机构的是一些拉美国家，如20世纪30年代墨西哥设立的国家金融开发银行、智利科福开发银行、委内瑞拉的卡文迪斯开发银行，这些金融机构都代表政府以官方资金满足长期资金需求，配合政府实施经济发展计划、落实产业政策，借此在促进工业化上发挥政府不能直接发挥的作用。"二战"以后，除一些国际性开发银行和机构纷纷成立外，在世界银行等相关国际金融机构的支持下，通过成立开发性金融机构筹措长期资金发展经济成为各国的普遍选择。1994年，中国组建国家开发银行，结束了我国开发性金融业务长期兼营、混营的历史。它的诞生标志着中国开发性金融业已发生质的飞跃。为圆满完成历史赋予的特殊使命，开发银行还从理论上不断探索和总结提炼，创造性地提出要构建中国特色的开发性金融理论。其重要标志是，在2003年7月召开的国家开发银行博鳌季度工作会议上，国开行行长首次比较系统地阐述了开发性金融的性质、特点、任务和目标，明确指出国家开发银行新时期的战略定位和未来发展方向。2004年5月，国家开发银行牵头召开全国性开发性金融实践与理论研讨会，国开行行长第一次全面阐述了开发性金融理论的核心内涵和由九个方面内容构成的基本原理，这就是：以国家信用为基础，以市场绩效为支柱，以建设市场实现政府目标；坚持制度建设和市场建设的方法；把融资优势和政府组织协调优势有机结合，推动政府力量和市场力量的相互结合和转化；坚持以信用建设为主线，推动法人组织建设、治理结构建设、信用建设和现金流建设；注重国家及政府组织增信；实行"政府选择项目入口、开发性金融孵化、实现市场出口"的融资机制；建立并强化应对集中大额长期风险的制度优势；实行政府机构债券与金融资产管理方式相结合；建立开发性金融治理结构，接受政府和市场监督。由这九个方面构成的中国开发性金融原理，被它的首倡者陈元先生高度提炼为国家开发银行的"二十字方针"，即政府热点、雪中送炭、规划先行、信用建设、融资推动。根据我的长期跟踪观察和研究，本人以为，陈元先生不仅是新中国成立以来中国开发性金融理论的首倡者、开发性金融实践的第一推手，也是中国开发性金融理论体系的开创人，把他称为"中国开发性金融理论之父"毫不为过，应是实至名归，陈元先生当之无愧。

成龙的博士论文以"中国开发性金融资源配置"为研究对象进行创新性研究，应该属于薪火相传。自俄罗斯学成归国后，成龙一直在陈元先生身边工作，长期近距离接触，耳闻目染，尽得真传，使其在开发性金融理论和实践问题的认识和思考上有着许多与众不同的地方。在对中国开发性金融理论研究现状进行认真考察后，他决定把学界尚未开展研究探索的"开发性金融资源配置"作为选题，显示了他的学术勇气。

开发性金融资源配置属于金融资源配置的重要研究范畴。在现代金融经济学领域，把金融作为市场经济中的重要资源进行研究的历史还很短暂。1955年，耶鲁大学教授、美籍比利时经济学家、金融发展理论之父雷蒙德·戈德史密斯（Raymond W. Goldsmith）首先提出了金融资源的概念。遗憾的是，由于当时各国经济和金融发展水平的局限以及对金融本质认识还非常有限，戈德史密斯教授未能系统地对金融资源概念的内涵加以阐述和论证，更未从理论上对金融资源加以深入研究，这一概念只是在他的诸多著述中一带而过，并且，在他的学术视野里，金融资源似乎就是金融资产的数量，这就使得他的概念意识具有非常显著的局限性。尽管如此，作为一个现代金融经济学重要学术概念的首倡者，戈德史密斯教授的名字是值得后来者深深铭记的。其实，戈德史密斯教授更大的学术贡献是在国际学术界率先从金融结构视角系统地研究了金融发展的一般规律以及金融发展与现代经济增长之间的关系。在此之后，越来越多的西方学者继续沿着戈德史密斯教授开辟的金融结构理论研究路径进行了大量深入的理论和经验研究，并在 20 世纪 90 年代引发了一场著名的金融结构的市场主导型和机构主导型的学术论争。在争论无果的情况下，美国著名经济学家、1997 年诺贝尔经济学奖获得者罗伯特·C. 莫顿（Robert Carhart Merton）提出了著名的金融功能理论，并由此奠定了现代金融工程学的大厦之基，极大地丰富了金融经济学理论体系。西方学者尽管没有明确开创出一套金融资源学理论，但他们的金融结构和金融功能理论研究对国际学术界开启金融资源理论研究起到了投石问路的作用。在中国，最先提出金融资源理论的是著名金融经济学家白钦先教授。1997 年亚洲爆发金融风暴，一夜之间，金融危机令曾经风光一时的亚洲"四小龙"乃至东南亚各国的繁荣盛景灰飞烟灭、荣光不再，危机的余震还波及国际社会。基于对这场危机的全面认识和理性思考，特别是对近百年来各国金融历史变迁的跟踪考察、对现当代金融理论的深刻反思，1998 年，白钦先教授发表学术论著指出，金融已经不是一个简单的中介、一种行业或者一种组织，而是经济金融全球化时代的国际性、国家性、全局性战略资源，中国的金融学者应该开创自己的金融资源理论。白钦先教授认为，金融是一种资源，一种社会资源，一种具有极端重要性的战略资源。金融资源具有资源的一般属性，也具有特殊资源属性，它既是资源配置的对象，又是配置其他资源的方式和工具。金融资源可以分为三个层次：一是基础性核心金融资源，二是实体性中间金融资源，三是整体功能性高层次金融资源。基础性核心金融资源是金融资源的最基本层次，即广义的货币或资本；实体性中间金融资源构成金融资源的中间层次，包括金融组织体系和金融工具体系，大体上与戈德史密斯教授所说的金融结构相一致；整体功能性高层次金融资源乃是金融资源的最高级别，是货币资金运动与金融体系、金融体系各个组成部分之间相互作用和相互影响的结果。金融资源是一种与自然资源相对称的社会性资源。金融资源同样具有显著的稀缺性、高度的流动性、金融信号的高速扩散性、资源配置信息的社会传导性、金融风险积聚的隐蔽性、金融危机突然爆发性和严重破坏性。因此，一般经济学研究了稀缺资源的帕累托配置问题，而金融作为一种重要战略资源也有最优配置问题。把金融视为一种资源是一种理论认识上的创新，建立金融资源经济学是一种学术创新，以金融资源理论为基础的金融可持续发展理论创新成为当代金融学者无可回避的时代责任和义务。

　　经过 40 多年来的持续改革开放发展，中国的市场经济体系正在加速形成并日趋完善，一个重要的标志是，市场在资源配置中的决定性作用不仅成为全社会的共识，而且市场和政府发挥作用的边界正在逐步得到厘清，也就是说，市场做市场该做的，政府干政府该干的，这几乎成为一种制度性安排。当然，事情没有如此简单。现代经济学认为，在一国经济体系现实运行中，市场并非万能的，政府也并非事事神机妙算，市场失灵和政府失灵在许多情形下是无可避免的，这就给市场和政府在全部资源的有效配置上提出了挑战，给社会探索资源的有效配置方式提出了长期课题。从金融资源配置角度来说，高效率的社会金融资源配置首先选择从交易成本观念和风险防范意识出发的商业性金融资源配置方式，政府提供公共产品领域的资源配置首选公共投入或者政策性金融资源配置方式，还有一些重要领域的资源配置中这两者都不具优势或者效率不彰时，开发性金融资源配置就会派上优势非常显著的用场。因此，开发性金融、政策性金融如同商业性金融一样，都是现代金融不可或缺的重要组成部分，开发性金融资源配置同商业性金融资源配置和政策性金融资源配置都是现代市场经济体系中缺一不可的重要资源配置方式。

中国政策性金融资源配置历史悠久，这一领域的研究积累比较多，中国的商业性金融在整个金融体系中的功能作用和社会地位是有目共睹的，对它的研究可以说是不胜枚举、层出不穷，学术积累深厚，创新不断；唯独对开发性金融资源配置的研究还属于拓荒阶段。从这个意义上来说，成龙的这一选题及其所进行的研究是具有开创性意义的。这部学术专著，把开发性金融资源配置放置在新世纪全球化大格局中，放到中国21世纪中叶完成经济社会现代化、实现民族复兴和国富民强的宏大愿景中，立足中国的国内国际现实和未来发展需要，围绕市场化资源配置中的中国开发性金融的功能定位及所承载的现实责任，在继承并试图进一步完善陈元先生开创的中国开发性金融理论体系基础上，为中国开发性金融资源配置研究搭建初步分析框架，并就其认为举足轻重的四个领域和一个方面展开深入探讨。这本小册子的篇幅并不长，属于短小精悍之作，读者诸君自己阅读体会比我在此赘述会惬意得多，因此，书的内容我不再具体介绍。

我想再说一说的是，这篇博士论文形成的学术小册子，乃写作者的心血之作。成龙在攻读博士学位之前，是学语言和文学的。在我所指导并已毕业的博士生中，他属于考博前经济学基础最不扎实之列。

出乎意料的是，他在短短几年时间之所以迎头赶上，是因为他下了许多人没有下的功夫，并且有两个非常鲜明的个性特点，一是遇事超前准备。为了补足自己的理论基础不足，死啃学术经典。有一段时间，为了拓宽自己分析问题的学术视野，他对法兰克福学派艰涩难懂的工具理性和价值理性理论进行了锲而不舍的学习理解，并一直追索到这些理论的源头——德国社会学家马克斯·韦伯（Max

Weber）的"合理性"（rationality）理论。这项学习准备对他的博士论文选题的研究写作起到了非常重要的指导作用。二是不耻下问，虚心求教。在论文选题以及后来的研究写作过程中，不厌其烦的电话微信求教几乎是日常，这种学习态度令我作为导师不仅不反感，反而深受感动。所以，功夫不负有心人，他的这篇论文在后来的专家盲评和答辩会上都得到了一致好评。当然，任何学术创新都是一定时空条件下的阶段性成果，永恒的真理永远在学术探索的前方。中国开发性金融资源配置理论研究的队伍正在日益壮大，学术创新正在不断向前推进。未来若干年后引颈回望的时候，也许成龙今天所取得的研究成果会显得拙朴，甚至幼稚可笑，但是，我要说的是，他今天所做的研究及其取得的学术成果是在中国开发性金融资源配置理论研究的人迹罕至地带最早留下的一串足迹，他属于此时此刻中国开发性金融资源配置理论园地的拓荒牛，我以为，这才是弥足珍贵的。我为此感到高兴、欣慰。留下这段文字，以资留念。

　　是为序。

　　（本序作者系经济学博士、法学博士、社会学博士后、管理学博士后，二级教授，中国社会科学院研究生院博士生指导教师）

前　　言

我国经济体制改革的核心是使市场在资源配置中起决定性作用和更好地发挥政府作用。开发性金融作为连接政府和市场的金融形态，在经济社会发展中起到了关键作用。在全面深化改革和经济新常态的背景下，如何更好地发挥开发性金融的资源配置作用，值得深入研究。

本书以中国开发性金融的资源配置问题为研究对象，基于资源配置视角，完善了开发性金融理论框架，研究了其产业、地域、社会和国际四个维度上资源配置机理、效率等问题，并提出了优化资源配置的思路。

第一，开发性金融理论体系由金融本质论、目的论（发展观）和方法论组成，逻辑完整，内在统一，是中国特色社会主义市场经济理论的组成部分。

第二，开发性金融在产业、地域、社会和国际四个维度的资源配置都有不同于其他金融形态的原理和特点。（1）产业维度上，以"两基一支"为主，民生产业近年呈现上升趋势。在"两基一支"领域，重点是基础设施，产业占比相对较低，需要在促进产业升级方面发挥更大作用。（2）地域维度的配置特点是着眼改进地方政府效率并因地施策。西部地区重点支持基础设施和基础工业，中部地区重点支持城市基础设施建设和支柱产业建设，东北地区重点支持国企改革和城市改造，促进产业升级；东部地区重点支持区位升级、产业升级和消费升级。信贷资源规模分布方面，西部地区占比最大。未来应该重点支持区域协调发展，加强对西部生态、环保及旅游领域支持，加强对东北振兴的支持。（3）社会领域维度上，针对社会民生领域信用分散的特点，通过集约开发和社会信用共建，创新了融资模式。优化社会领域的资源配置，要从普惠金融向民生金融深化，从绿色金融向生态金融深化。（4）国际维度上，开发性金融的资源配置具有促进我国产业结构升级、促进外汇储备保值升值、带动我国对外投融资体系建设的作用。主要配置领域为资源和制造业，未来需要加大对境外基础设施合作的支持。需要提升国际合作的价值观，加强规划和培训合作，提升软实力，更好管控风险。

第三，开发性金融资源配置机制包括核心机制、关系机制和产品机制。通过DEA模型分析显示，开发性金融在社会领域的配置效率高于产业和国际领域。从地域来看，开发性金融的地域配置效率呈现东部地区最高，中部和西部无较大差异，东北地区最低的趋势。

本书可能的创新有：一是研究角度有所创新。本书从现代经济和全面深化改革的核心问题，即资源配置问题入手，全面、系统研究开发性金融各维度资源配置的机理和特征，并进行共性机制研究和效率分析，有助于把握开发性金融资源配置的全貌。二是通过规范和实证分析，找出了开发性金融资源配置的问题，结合形势的要求，提出了对策，对优化开发性金融的资源配置有借鉴和参考作用。三是理论研究的创新。针对现有对开发性金融理论表述和框架建构的不完善之处，按照科学理论的逻辑要求，从开发性金融的本质论、目的论（发展观）和方法论三个层面，描绘出完整的开发性金融理论框架，并总结出其基本内涵和特征，有助于确立开发性金融理论在现代经济学和中国特色社会主义市场经济理论体系中的地位。

目　　录

第一章

导　论

第一节　本书的研究背景、目的与意义

一、研究背景

近年来，我国把全面深化改革作为应对全球化背景下经济社会发展突出问题和矛盾的基本路径。经济与金融领域改革是全面深化改革的基础与核心层面。经过多年发展，我国建立了完整的金融政策体系、机构体系、金融市场体系和监管体系，在助力经济发展，进行资源配置方面起到关键作用。同时应该看到，我国金融体制深化改革的任务还没有完成，金融在引导市场、服务市场、支持实体经济以及发挥政府宏观调控工具的作用方面还有待进一步增强。金融体系在防范风险、健康持续发展方面还存在诸多薄弱环节。金融市场潜伏着很多风险和动荡因素，金融监管水平还有待提高。金融领域改革中的一些关键问题，如政策性金融的深化改革，尚未达到预期目标。政策性金融改革的核心，就是在正确处理政府与市场关系的前提下，根据国家的宏观政策，更加有效地配置资源。要做到这一点，需要以五大发展理念和供给侧结构性改革的思路为指引，加强我国金融的理论、制度和金融文化的创新和供给。

国家开发银行（以下简称"国开行"）是从政策性银行成功转型为开发性金融机构的代表。1994年国开行成立之初，承担支持"两基一支"（基础设施、基础产业和支柱产业）的任务。2008年，国开行改制为国家全资的股份制商业银行，国家有条件给予主权级债信政策。2015年，国务院承认国开行的开发性金融机构定位，并于2017年初批准国开行新章程，确定其为国务院直属的开发性金融机构，永久赋予主权级债信。国开行治理结构也进行改革，董事会和监事会

部分成员由国务院组成部门派员加入。经过两轮改革，通过国家支持和自身努力，国开行实现了优良业绩。截至2016年底，总资产达到14万亿元人民币，不良率控制在1%以内，成为中国最大的中长期贷款银行、最大的债券银行、最大的对外投融资合作银行[①]。开发性金融机构对于中国金融的系统重要性日益增强，对于中国经济的影响也日益增强。开发性金融机构的可持续发展和稳健运行对于国家金融系统稳定和改革发展全局具有重要的意义。

同时，应该看到，在复杂多变的内外部形势下，在政府与市场和市场主体的博弈过程中，由于看问题的视角和立场不同，开发性金融机构的主管部门、监管部门和其他关联部门、业界、学界对于开发性金融机构的认识还存在一些分歧与矛盾，关于开发性金融机构的深化改革与发展还有不同的声音。例如，对于开发性金融是否具有理论和实践形态的主体地位，还有不同认识。对于新形势和新常态下开发性金融如何更好地发挥资源配置的作用，有必要做一个深入的研究。从监管角度来看，如何界定开发性金融业务与商业性金融业务的界限，还存在一些困境。这些分歧与问题不解决，势必在一定程度上影响国家运用开发性金融作为政策工具的调控效果，影响开发性金融机构自身的可持续发展。建立在片面和模糊认识上的决策，也不排除会造成较大的潜在风险和损失。

金融被称为现代经济的核心，金融机构是国家赋权设立，面向市场运行的市场主体，具有连接国家宏观经济政策和市场实体资金需求的功能，是资源配置的主体。金融机构从形式上是一个经营实体，本质上是一种制度系统。从资源配置的角度研究金融或某种特定的金融形态，能够比较容易地认识其本质特征和运行机制。我国学者对开发性金融的研究，由于各种原因，并没有从资源配置这个现代经济学视角，对开发性金融的资源配置进行系统的实证研究和规范分析，因而没有把开发性金融与其他金融形态、开发性金融理论与其他理论，在共同的理论范式下进行有效的对比与桥接，尚存在"学界各执一词、机构自说自话"的现象。在这个背景下，以开发性金融作为资源配置主体，研究配置的特点、方法、机制和效率，并在对国内外开发性金融研究文献综述的基础上，梳理和建构开发性理论体系，笔者认为是一种有意义的尝试。

需要说明的是，"金融资源配置"在理论上有双重含义。一方面可以把金融作为资源配置的主体，考察金融配置资源的作用、能力和方式，即金融的资源配置，强调的是金融的能动性，带有微观研究的色彩。另一方面也可以把金融作为一种资源，作为配置的客体，考察金融资源如何和应该怎样被配置到社会生产环节，强调的是金融的被动性，带有宏观研究的色彩。本书把开发性金融作为资源

---

① 《国家开发银行年报》2016年。

配置主体，研究其配置资源的原理、特征和创新，是基于第一层含义的研究。

二、研究的目的和意义

（一）研究目的

本书围绕中国开发性金融的资源配置问题展开研究，旨在探讨开发性金融作为一种资源配置主体，进行资源配置的特征，找出问题与不足，探寻内在机制，并在实践分析的基础上，弥补现有理论之不足，寻求在发掘开发性金融理论的实质和精髓方面有所贡献，为开发性金融的深化发展和政策性金融的改革创新提供参考。

（二）研究意义

从资源配置角度研究开发性金融，具有积极的实践意义和理论意义。

第一，研究开发性金融的资源配置问题，研究开发性金融在产业、地域、社会民生和国际等不同维度的资源配置实践和特征，提炼总结开发性金融的运行机制，分析其运行效率，有利于提炼和总结开发性金融运作经验，为开发性金融未来的发展和实践提供参考。

第二，研究开发性金融的资源配置问题，有助于为深化开发性金融机构改革，完善我国金融体系提供参考。政策性金融机构改革是我国当前金融改革面临的重要课题之一，研究开发性金融的资源配置问题，尤其是通过横向对比，研究开发性金融与商业性金融和传统政策性金融在资源配置方面的异同，有助于理解和把握深化开发性金融机构改革的关键问题。以国开行经验为基础所进行的开发性金融资源配置研究，对亚洲基础设施投资银行和金砖国家新开发银行的发展也有借鉴意义。

第三，落实我国提出并成为国际共同行动的"一带一路"倡议，需要金融机构尤其是开发性金融机构深度参与并发挥建设性作用。研究中国开发性金融资源的配置问题，有助于挖掘开发性金融在"一带一路"建设中发挥更大作用的空间，为沿线国家开发性金融机构提供参考，从而起到增加共识，推动区域性和国际性开发性金融机构合作助推"一带一路"建设的效果。

第四，从理论意义上来看，全面、系统地研究开发性金融的资源配置问题，是理解开发性金融的关键，也是开发性金融理论研究的基础和核心。开发性金融机构肇始于西方，但在以自由市场为核心的西方主流经济制度框架内，仅处于从属地位，并未升华出独立的经济金融理论。中国开发性金融自产生以来，不断总结经验，并在理论化方面做了一些有益的尝试。由于发展历史不长，对开发性金融的集中关注和探讨也是近年才出现，各界对开发性金融的理解和认可度难免存在差异。选取适当的角度，研究开发性金融理论的关键问题，有助于消除分歧，增进共识，促进开发性金融在中国的健康可持续发展。资源配置是经济学的核心问题，是金融机构业务的旨归，不同金融形态有不同的资源配置方式和特点，从这个角度出发研究开发性金融，有助于把握开发性金融理论的核心，从而丰富和完善开发性金融理论。

第二节　本书的研究思路、方法和技术路线

一、研究思路

本书以开发性金融的资源配置问题为研究对象，在前人研究成果的基础上梳理和形成完整的开发性金融理论框架，按照开发性金融资源配置实践中涉及和依据的几个主要维度，探寻开发性金融的资源配置特点和方法，共分六个部分内容。

第一部分为导论。主要以我国金融体制尤其是开发性金融机构改革为背景，提出研究问题的必要性，明确本书涉及的相关概念，指出研究意义、研究思路、方法和创新之处。

第二部分为理论基础和文献综述。通过考察与归纳本书所涉及的资源配置理论、金融资源配置相关理论，为本书提供理论参照。同时在借鉴国内外对开发性金融现有研究的成果和经验的基础上，找出局限与不足，并作为本研究重点突破的方向。

第三部分为理论的深入探讨。通过分析现有开发性金融理论框架的不完善之处，从科学理论建构的规范出发，梳理和总结开发性金融理论创始人在不同时期的观点和论述，从本质论、目的论和方法论三个方面，搭建开发性金融理论的框架，以期确立开发性金融理论在现代经济金融理论以及中国特色社会主义市场经济理论体系中的一席之位，为开发性金融的改革、创新与发展提供完整的理论框架支持。

第四部分为实践分析。从产业、地域、社会民生和国际四个维度对开发性金融资源配置问题进行研究。在事实总结和分析的基础上，结合相关公开数据，用历史对比和横向对比的方法，重点分析各维度资源配置的结构、模式、优势和不

足，提出在不同维度上优化开发性金融的资源配置的思路和建议。

第五部分为实证分析和模型分析。在第四部分分析的基础上，专门探讨各维度之间资源配置的共性机制，并在数据收集的基础上，通过 DEA 模型分析，尝试分析开发性金融资源配置的总体效率问题。

第六部分为基本结论和政策建议，对未来的研究方向提出展望。

需要说明的是，我们所考察的开发性金融资源配置的几个维度，包括产业、区域、社会领域和国际领域，是一种考察视角的选择，并非开发性金融业务类型的划分，意在多角度探讨开发性金融资源配置特点和作用空间。在实践中，这些纬度相互之间不是独立和割裂的，而是互相交叉和关联的，共同构成了开发性金融资源配置的空间系统。

二、研 究 方 法

本书采取了实践案例和理论研究相结合、实证分析与规范分析相结合、历史考察和横向对比相结合的基本研究方法。实证研究方面，选取了资源配置的四个维度，进行数据分析和案例分析，总结出特点和规律。规范研究方面，主要从相关经济学理论、国家宏观政策的角度，对相关事实进行逻辑推理。案例研究方面，选取了开发性金融实践中的若干典型案例，分析案例中体现的开发性金融资源配置的特点，补充和支撑规范分析的判断。理论研究方面，依据科学理论建构的基本要求，尝试重构开发性金融的理论框架，确立理论各结构之间的逻辑关系。历史考察方面，在实证和理论研究的过程中，对事实和理论进行一定的纵向梳理，找出发展脉络，服务事实分析和理论建构的需要。横向对比方面，主要是通过国内和国际开发性金融、开发性和商业性金融机构之间的某些特征进行横向对比，尝试分析特定维度下开发性金融资源配置的特点和未来发展方向。

三、技 术 路 线

本书按照从理论到实践的逻辑，首先梳理国内外对开发性金融资源配置问题的理论阐发，在此基础上尝试对中国开发性金融理论的框架和内涵进行概括；其次从产业、区域、社会领域和国际领域四个维度，梳理和阐述中国开发性金融的资源配置实践经验，并通过数据样本分析，对开发性金融在不同维度上的配置效率进行对比分析；最后提出研究结论和展望。技术路线如图 1－1 所示。

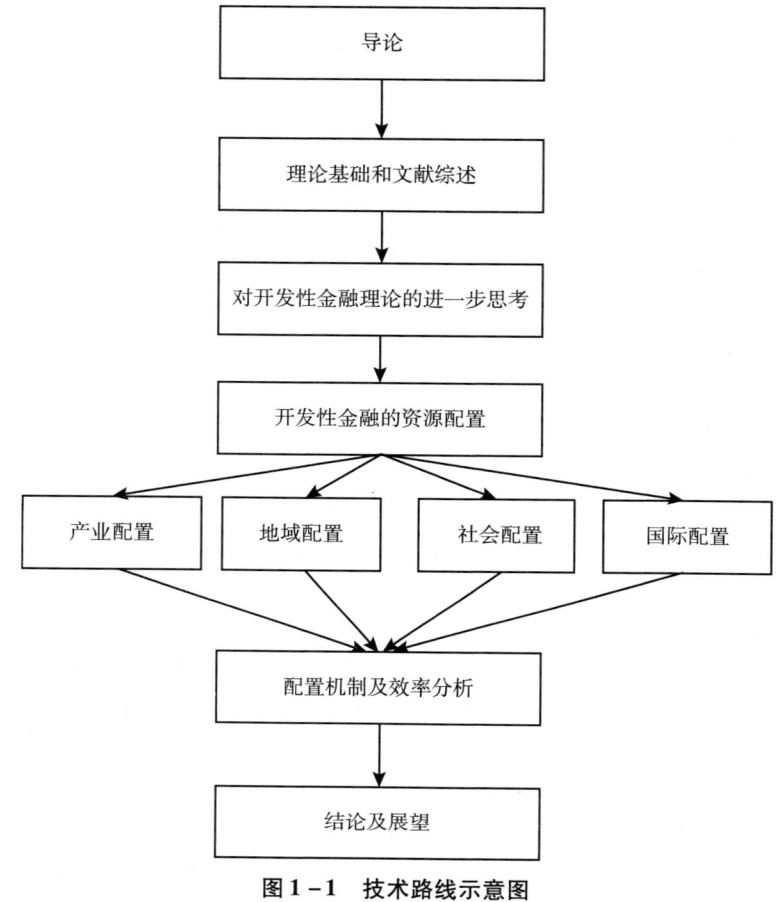

图1-1　技术路线示意图

第三节　可能的创新与不足

一、可能的创新

一是研究角度有所创新。本书从现代经济和我国全面深化改革的核心问题，资源配置问题入手，全面、系统研究开发性金融在各个维度资源配置的特征，并进行共性机制研究和效率分析，对开发性金融未来的实践有参考意义。

二是在实践层面，通过规范和实证分析，找出了开发性金融资源配置的问题，结合形势的要求，提出了有针对性的对策，对优化开发性金融的资源配置有借鉴和参考作用。如对于开发性金融"两基一支"产业资源配置，通过结构分析和横向对比，发现了基础设施领域占比过高，对制造业、环保产业等资源配置不足的问题；在国际配置分析中，发现了开发性金融与我国对外投资存量缺口不断增大、对国际基础设施合作支持力度不够的问题，并给出相关对策建议。

三是在理论上有新的思考。针对现有对开发性金融理论表述和框架建构的不完善之处，从科学理论建构规范的角度，总结出开发性金融的理论体系和实践体系的内容。在理论体系构建中，从开发性金融的本质论、目的论和方法论三个层面，描述出完整的开发性金融理论框架。

二、存在的不足

一是实证分析中，由于相关概念的定义复杂性和数据的局限性，特别是历史分析和横向对比分析不能够充分涵盖所有有价值的事实，对开发性金融资源在相关维度配置的现实和数据可能反映得并不充分，可能会影响相关判断的精确性。

二是规范分析和理论研究中，由于可供参考资料，尤其是国外研究资料不能详尽占有，可能并不能给出十分完备的分析结论。在开发性金融理论重构的尝试中，囿于认知程度局限，相关的提炼与概括，可能带有一定程度的主观色彩，不能完全反映开发性金融理论的精髓和全貌。

在后续的研究中，针对上述不足，拟在后续的研究中更多搜集历史和横向数据资料，使相关模型的数据和变量更加充分，得出的结论更加准确。在理论研究中，进一步探究相关理论线索，把握国际和国内经济金融政策、形势和任务，不断完善开发性金融理论框架。

第二章

理论基础和文献综述

第一节　资源配置理论的回顾

资源配置问题是现代经济科学和管理科学最基本的考察对象。它是一个层次多样、内容丰富，兼有理论和实践意义，被现代经济学者和管理学者们高度关注的问题。层次多样，是因为不同层级的经济单元，宏观到政府，具体到产业、行业和企业甚至家庭，在实施经济行为时，首要的考虑就是资源配置及其效率问题。内容丰富，是因为资源这一概念在不同背景和语境下具有不同的含义，因而也具有非常广阔的外延。由于资源配置问题的基础性和重要性，它也是理论研究的重要对象，是经济以及管理实践的主要线索。本书所考察的对象中国开发性金融，在我们看来，是理论和实践的结合体，既具有理论意义上的主体地位，也具有实践形态的主体地位。然而它的理论与实践主体地位的确立，不是凭空而来的，而是建立在进行现代经济学规范分析，并在实践中得到充分证明的基础上的。尽管可以从不同的角度对开发性金融理论和实践进行考察，但我们认为考察这一问题最基本的和最有效的理论范式，仍然是经济科学首要关注或者整个经济学的逻辑起点，即资源配置问题。本章我们将简要追溯现代经济学有关资源配置问题以及金融在资源配置中作用的一些基本视角和观点，作为本书的理论参考；同时，梳理和总结国内外对于开发性金融及其资源配置问题研究的代表性成果，作为本书的起点和借鉴。

一、资源配置理论的简要回顾

从理论上对于资源配置问题的考察，逻辑的起点是经济学关于资源稀缺性这一基本事实的共识。不同时代、不同流派的经济学家，如莱昂内尔·罗宾斯

（1932）、阿曼·阿尔钦（1972）、约瑟夫·斯蒂格利茨（1997）、保罗·萨缪尔森（1998）等，都对资源配置问题进行了相关的阐述。这些阐述基于不同的角度，但共同特征是都承认资源配置问题的产生源于资源具有稀缺性这个最基本事实。资源的配置就是稀缺性资源的或选择、或分配、或进行权力安排的过程。

对于资源配置的影响或决定因素的研究及效率研究，是学界关注重点。第一，在现代社会中，制度环境是影响资源配置及其效率的具有决定意义的因素。制度环境的最主要构成主体是一个国家的经济制度。衡量经济制度好坏优劣的标准被认为是效率，而经济制度效率的体现就在于其是否能够优化配置和有效利用有限和稀缺的社会经济资源，实现经济快速增长，使社会成员生活水平不断提高[1]。厉以宁（2015）也把经济学研究的基本任务定位为探寻合理利用资源、配置资源的经济体制。

第二，关于资源配置的主体。现代经济最普遍的认知是政府与市场是资源配置的两大宏观主体。理查德·贝提斯和普拉哈拉德的研究表明，与传统的经济学分析认为产业领域的资源配置主要是一个通过资本市场进行运作的市场过程不同，公司的大小、产业多样化程度、管理的复杂程度、资本市场的结构特征以及国家作为一个主要的资本来源等，决定了内部的组织和政治意识形态考量，也是经济中资源配置的重要影响因素[2]。关于政府配置和市场配置的界限，我们认为沃尔特·舒伯特的阐述比较有代表意义。沃尔特·舒伯特（1979）指出，政府与市场双重资源配置体制是现代经济的现实。政府配置和市场机制最终都是追求最优效率。最优效率的资源配置是使社会效率（society efficiency）最大化的配置。完全竞争和帕累托最优是空洞的范畴，它们并不能带来社会效率的最大化。是选择政府配置，还是市场配置，依据的是权利/优先权（right/privilege）标准。构成权利的商品必须由政府配置。构成优先权的商品需要由市场进行配置。社会进化或进步的标志就是当前的优先权商品变成未来的权利性商品[3]。沃尔特·舒伯特的理论对于开发性金融的资源配置具有一定的启示意义，我们后面的分析将表明，开发性金融本质上是一种着眼于社会效率最大化的资源配置方式，它在现阶段有效解决了现代经济理论关于政府与市场二元配置体系的矛盾和悖论，尤其是在被现代经济学视为政府职能的、攸关社会民生的公共产品领域，开发性金融提供了一种政府主导下的市场化配置和解决方案。

第三，随着新制度经济学、信息经济学和交易成本经济学的观点被普遍接

---

① 刘汉林：《西方理论经济学》，成都时代出版社2003年版，第64页。

② Richard A. Bettis and C. K. Prahalad, The Visible and the Invisible Hand: Resource Allocation in the Industrial Sector, Source: Strategic Management Journal, Vol. 4, No. 1, (Jan. – Mar., 1983), pp. 27 – 43.

③ Walt Schubert, On the Proper Role of Government in the Dual Economy, Source: Journal of Post Keynesian Economics, Vol. 1, No. 4 (Summer, 1979), pp. 127 – 130.

受，对于不确定性、非对称信息、产权、责任等因素对资源配置的影响的研究越来越普遍。塞巴斯蒂安·加利亚尼和欧内斯托·萨尔戈罗德斯基（2011）认为，影响资源配置问题效率的因素很多，土地权属也会影响资源配置。明晰的土地权属在农村和城市地区都能够增加投资①。詹姆斯·马钱德（1973）指出，在现实世界中，生产的外部性包含不可分割的成本函数，资源的分配并不是独立于法制体制的，资源的配置取决于责任规则的界定②。彼得·格林伍德和查尔斯·尹金（1978）指出，社会充满不确定性，责任规则可能会决定资源分配。无成本交易并不足以支撑科斯定理的主张。风险得到分担也是必要的（如证券市场的存在）。排除不可分性（indivisibilities），也是资源有效配置的必要条件。没有风险的分担，作为经济主体的公司将会对风险采取听天由命的态度③。

第四，关于资源配置机制。莱昂纳德·赫威兹（1973）认为，资源配置是可以被设计的，对资源配置的设计就是资源配置的机制。资源配置机制的功能是引导经济单位（生产商、消费者、银行等）做出决定，而这些决定将引导资源的流向。一项配置是不是最优，取决于其可行性和个体的偏好。其中可行性是由个体禀赋和技术决定的。个体的禀赋、技术和偏好三者一起，构成了资源配置的环境。这个环境一经形成，就不能被设计者和经济参与主体轻易改变④。

莱昂纳德·赫威兹的资源配置环境观点，对本书第二章探索开发性金融理论的构架有逻辑上的启发。我们对开发性金融理论从本质论、目的论和方法论三个角度的重构和阐述，在很大程度上暗合了莱昂纳德·赫威兹的"禀赋、技术和偏好"三要素理论。资源配置的机制可被"设计"的观点，对于我们理解开发性金融的"开发性"和"能动性"也具有启发意义。

第五，关于资源的国际配置问题，主要的研究集中在对于外国投资的研究。卡伊·阿雷斯科格（1976）探讨了国际资源的配置问题。他的研究表明，接受外国资本能够增大国内可能用于当前实际支出（消费和投资）的资源总量。外国投资能够增加未来潜在的国内生产总值，但是产值增加的部分有可能会被相关的债务成本、外国收益流出以及资本回流所吸收。如果国内收益率大于外国资本的价

① Sebastian Galiani and Ernesto Schargrodsky，Land Property Rights and Resource Allocation，Source：The Journal of Law & Economics，Vol. 54，No. 4，Markets，Firms，and PropertyRights：A Celebration of the Research of Ronald Coase（November，2011），pp. S329 – S345.

② James R. Marchand and Keith P. Russell，Externalities，Liability，Separability，and Resource Allocation，Source：The American Economic Review，Vol. 63，No. 4，（Sep. 1973），pp. 611 – 620.

③ Peter H. Greenwood and Charles A. Ingene，Uncertain Externalities，Liability Rules，and Resource Allocation，Source：The American Economic Review，Vol. 68，No. 3（Jun. 1978），pp. 300 – 310.

④ Leonid Hurwicz，The Design of Mechanisms for Resource Allocation，Source：The American Economic Review，Vol. 63，No. 2，Papers and Proceedings of the Eighty-fifth Annual Meeting of the American Economic Association（May，1973），pp. 1 – 30.

格，则以下三种情况都能吸引资本流入：（1）当前和未来消费均增加；（2）当前消费增加，未来减少；（3）当前消费减少，未来增加①。

卡伊·阿雷斯科格的观点对于开发性金融资源的国际配置具有启发意义。开发性金融资源的国际配置，应该选择具有可持续发展能力的国家，或者着眼于提升合作国的可持续发展能力，应该力避以卡伊·阿雷斯科格所描述的第二种情形为动机的合作对象国。

从我国近 30 多年的实践来看，资源配置的主体、方式、效率等问题一直都是我国经济体制改革与发展的基本线索和着眼点，其中集中体现为政府与市场关系，尤其是市场在资源配置中的地位逐步升级，直到党的十八届三中全会提出使市场在资源配置中起决定性作用和更好发挥政府作用。因此，经济生活的基本问题都是资源配置，而资源配置的首要问题是政府与市场关系。

二、金融与资源配置相关理论

金融和信用制度是现代经济的核心部分。马克思把信用制度看作资本主义生产的首要驱动力量②。发展经济学家约瑟夫·熊彼特把金融信贷作为发展的三大要素之一来看待③。20 世纪 70 年代，罗纳德·麦金农和爱德华·肖的"金融压抑"及"金融深化"理论，指出发展中国家发展的关键是克服"金融压抑"，采取"金融深化"，即提高全社会的储蓄率并以金融方式动员与分配储蓄，促进产出和就业稳定。发展经济学家德怀特·波金斯认为金融深化正带来银行体系实际规模的增长，会显著扩大短期信贷的实际流量以及商业银行的金融工具④。20 世纪 80 年代以后，经济学家约瑟夫·斯蒂格利茨等人以发达金融市场为关注对象，提出了信贷配给理论，指出在金融市场上，既要重视利率机制，又不能忽视政府干预。20 世纪 90 年代，罗伯特·默顿等人提出了功能主义金融观点（functional perspective）理论，强调金融跨地区、跨国家和跨时间的经济资源配置功能。潘尼克斯·黛米泰斯等（2006）从实证的角度，研究了 72 个发展中国家 1978 ~ 2000 年的数据，得出的结论认为，当金融体制（financial system）被嵌入一个健全的制度框架中（a sound institutional framework）时，金融的发展对人均 GDP 会产生更大的影响。不仅如此，研究还发现，在中等收入国家金融发展更加强劲，特别在制度质量高的国家，金融发展的效果特别明显。还有一个重要的发现，就

① Kaj Areskoug, Intertemporal Resource Allocation in Developing Countries: The Role of Foreign Capital, Source: The Review of Economics and Statistics, Vol. 58, No. 4 (Nov. 1976), pp. 478–481.

② ［德］马克思：《资本论》第二卷，人民出版社 2004 年版，第 393 页。

③ ［奥］熊彼特：《经济发展理论》，郭武军等译，华夏出版社 2015 年版，第 56 ~ 64 页。

④ ［美］德怀特·波金斯等：《发展经济学》（第六版），彭刚等译，中国人民大学出版社，第 500 页。

是在低收入国家，金融的发展影响最微弱，这些制度不健全的国家，再多的金融也不会带来长期的经济效益①。

我国理论界同样关注金融和经济发展关系。孔祥毅提出了金融先导论。他指出政府要采取金融先导政策，金融先导能够引导资源配置优化生产结构②。吴晓灵（2015）指出，金融资源的配置效率对全社会的资源配置效率具有根本性影响③。赵昌文、朱鸿鸣（2015）指出，资源配置功能是金融体系一项重要的功能，金融改革的目标在于提高资源的配置效率④。

综上所述，资源配置理论、金融与资源配置功能相关理论给我们的启示是：资源配置问题是现代经济的最基本、最核心的问题。金融既为资源配置主体，也是方式。金融进行资源配置，既要服从市场配置资源方式的一般规律，遵从市场原则，又不能排斥政府的管理、指导和干预。

第二节　开发性金融的资源配置问题研究述评

一、国外开发性金融及其资源配置问题的研究

（一）自由市场理论和经济发展理论对开发性金融存在合理性认识的差异

尽管开发性金融机构源起于欧美，但国外的开发性金融以及其资源配置问题研究，未曾大范围或集中式展开。根据 ProQuest 学位论文管理系统⑤和 ScienceDirect⑥ 的检索结果可知，国际学术界对于开发性金融和开发性金融研究的著述数量较少。关于其原因，我国学者杨涤（2011）认为，在发达的市场国家中，政策性金融业务并不是主要金融业务，因此那里的学者"有意无意"忽略了这项研究⑦。我们也注意到，有的国外学者把开发性金融称为"替代性金融"（alterna-

---

①　Panicos Demetriades and Siong Hook Law：Finance，Institutions And Economic Development，International Journal of Finance And Economics，Int. J. Fin. Econ. 11：245－260（2006）.

②　曾康霖、刘锡良、缪明杨：《百年中国金融思想学说史》（第一卷），中国金融出版社 2011 年版，第 974 页。

③　吴晓灵：《中国金融资源配置效率的提高路径分析》，载《中国市场》2015 年第 31 期，第 3 页。

④　赵昌文、朱鸿鸣：《从攫取到共容——金融改革的逻辑》，中信出版集团 2015 年版，第 6 页。

⑤　国内一家提供国外高质量学位论文全文的数据库。

⑥　由荷兰全球著名的学术期刊出版商 Elsevier 出版的 2500 多种期刊和 11000 图书数字化库。

⑦　杨涤：《金融资源配置论》，中国金融出版社 2011 年版，第 102 页。

tive finance）①。但是国外学者"忽略"这项研究的更主要的原因，我们认为应该是：现代经济学的主流范式是自由市场经济学，强调市场机制是资源配置的最优机制。开发性金融在西方现代经济学视野中，更多的是作为一种对于"市场失灵"的弥补而出现的金融形态。开发性金融工具更多为发展中国家采用，而其资源配置效率往往受到一定质疑。如弗雷德里克·米什金认为，发展中国家和转轨国家的政府经常利用金融体系为自己筹资，或是促进经济中某些部门的发展，方式可以是为所欲为地为特定类型的贷款制定低利率，成立开发性金融机构发放特定类型的贷款。政府直接管理的贷款项目不能将资金融通给促进经济高速增长的部门，结果是投资效率低下和经济增长的缓慢②。

与米什金的观点不同，发展经济学家德怀特·波金斯更加认可开发性金融机构产生和存在的合理性。他指出，随着经济的发展，短期信贷供应的增加并不能解决长期发展的资金筹集问题。经济发展也要求投资的方式向更长期发展。较长期的投资需要较长期的资金。由于商业银行的储蓄都是短期的，都不适合提供大额长期资金。随着金融和经济的发展，对专门从事长期融资的金融机构的需求也相应增长。保险公司、投资银行以及二级证券市场等构成的金融市场进入门槛高，也经常出现总体缺陷。在这种情况下，为了发展专门从事长期融资的金融机构，政府干预是很有必要的。政府干预可以采取建立由政府所有的开发银行，或建立其他专业机构的形式，作为对打算用作较长期融资的一种来源的政府基金的发放者③。

波金斯的这一论述，包含了两层意思，首先，认为长期融资的金融机构的需要是经济发展到一定阶段的必然需求；其次，对于发展中国家来说，采取政府干预，建立开发性金融机构更加具有合理性。波金斯的观点在一定程度上代表了国外发展经济学家对开发性金融的认识水平。

（二）对开发性金融作用和效率问题的研究

国外研究更多地聚焦于发展中国家的开发性金融机构，其中开发性金融的作用和效率问题是国外学者关注的重点之一。

班德亚帕德耶和帕特尔（1987）的研究显示，印度一直重视银行的开发性作用，并于 20 世纪 70 年代末开始强调银行的社会性功能，提倡"社会性银行业

---

① Lindsey Appleyard, Community Development Finance Institutions（CDFIs）: Geographies of financial inclusion in the US and UK, Geoforum 42（2011）250–258.

② ［美］弗雷德里克·米什金：《货币金融学》（原版第九版，2009 年修订），郑艳文，荆国勇译，中国人民大学出版社 2011 年版，第 117 页。

③ ［美］德怀特·H. 波金斯等：《发展经济学》第六版，彭刚译，中国人民大学出版社 2012 年版，第 431～433 页。

务"（social banking）。印度第八届下议院（Lok Sabha）评价委员会（Estimates Committee）第 29 次报告在评价印度国民银行（State Bank of India）时，重点对其"社会性银行业务"及其任务和运作原则进行界定。报告认为，社会性银行业务不能也不应该被视作从传统的商业性银行业务中脱离的部分，因为它能够为最终的商业银行业务打下基础，尽管其效果不一定马上显现。社会性银行业务意味着银行要调整内部运行机制，为社会中被忽视的领域提供相当规模的融资便利。商业性银行业务和社会性银行业务是共生互补的（complementary and supplementary to each other）。社会性银行业务主要服务的对象是从时间上着眼于未来、从内容上着眼于社会福利的社会经济发展计划和项目。社会性银行业务的目的在于通过信贷资源的初始配置，提高特定群体的信贷吸收能力（credit absorbing capacity）。在初始阶段，银行不应该只考虑借款人的还款能力（repayment capacity），如果在初始阶段资源配置得当，必然会产生盈余并能增强借款人的还款能力。金融机构应该着眼于目标人群的整体性提升（overall upliftment）。班德亚帕德耶和帕特尔认为，除了社会责任和义务以外，也不应该忽视市场手段（marketing aproach），因为银行的未来取决于能否提高印度农村、城郊和落后领域的购买力[①]。

可见，印度的"社会性银行业务"强调银行的社会性责任，特别是对特定群体的信贷吸收能力、发展能力和整体性提升，并不排斥达到这一目的的市场原则，这种做法非常符合开发性金融的特征。这一研究给我们的启示是，开发性金融不仅仅意味着实体性的开发性金融机构，它还是一种理念和方法，能够为所有金融机构所运用。

维克托·曼纽尔·伊西德罗·卢娜（2013）探讨了何为开发银行，开发银行重点支持的领域、开发银行可能的所有制形式以及开发银行支持企业的类型。该学者认为，尽管由于开发银行形式多样、功能不同、所有制形式不同，学界无法给予开发银行一个统一的定义，但有两点是开发银行的共同特征：一是开发银行是金融中介机构，二是其目标在于支持经济发展。作为中介机构，它不是传统意义上的银行，即商业银行，它的功能可以是提供中长期贷款、持有股权、管理特定的公司以及提供技术类支持。作为支持经济发展的机构，它往往在一国经济的特定领域内发挥作用，如农业、基础设施建设、学校、医院建设等领域。有的开发银行还履行促进进口替代和鼓励出口的作用。关于开发银行支持的领域，作者认同的观点是，政府希望发展的任何领域，都是开发银行发挥作用的空间[②]。瑞

① R. Bandyopadhyay and K. V. Patel, Development Banking in Rural Areas, Source: Economic and Political Weekly, Vol. 22, No. 16 (Apr. 18, 1987), pp. 703 – 704 + 706 – 707.

② Victor Manuel Isidro Luna, A dissertation submitted to the faculty of The University of Utah in partial fulfillment of the requirements for the degree of Doctor of Philosophy, Department of Economics, The University of Utah, August 2013.

典"达尔贝里全球发展顾问"战略咨询公司（2010）发布的题为《开发性金融机构在国际发展政策中的渐强作用》指出，开发性金融机构正在融资的可得性方面做出努力，包括提高私人投资者的能见度；加入公共政策讨论；使公共和私营融资更加互补；改善监管措施以及扩大资本积累等方面[①]。

德国学者克丽斯塔·海茵茨和斯蒂芬妮·克雷梅尔（2012）的研究指出了开发性金融机构在缓释和化解政治风险中的作用。他们通过对 1996~2005 年间 64 个国家的 4978 个项目贷款的样本研究得出结论，对于一些政治风险高的国家，开发性银行的参与能够缓释政治风险，原因在于开发性银行能够提供一种"政治保护伞"（political umbrella），能够对政府的决定施加影响，在关键时刻扭转对于项目带来负面影响的事件[②]。

在开发性金融效率研究方面，学者们主要强调开发性金融效率的重要性，认为一定的国家干预，可以提高开发性金融的效率。苏蕊·戈卡恩（2004）认为，在新的更加开放和竞争的市场环境下，原有的依靠国家"产业政策"提供倾斜与保障来锁定和规避风险的运行模式，已经不适应新的现实要求。开发性金融机构的效率和风险管理能力是决定其存废的关键因素。但是并不能因此否定开发性金融机构存在和发展的必要性，因为对于新兴产业和创业起步阶段的企业，由于金融市场的高门槛，无法得到所需的融资资源，开发性金融机构的支持依然被需要。所需要的是改革原来的运作模式，提高管理效率，在业务方向上，把培育中小企业作为新的业务方向。比阿特丽斯·阿吉翁（1999）的研究认为，分散化的银行体系对于长期的产业融资投入和专业知识不足，国家支持的金融机构，如开发银行，可以解决这一问题，但是单纯的国家注资是不够的，国家还需要加强对开发银行有目的性的干预，要求开发银行通过联合融资协议和（或）与私营金融机构共享所有权，来解决政府注资的效率问题[③]。也有的学者研究了开发性金融对于企业效率的作用问题。塞尔吉奥·拉扎里尼、奥尔多·穆萨基奥等（2014）以对巴西开发银行（BNDES）的研究表明，该开发性金融机构的功能不是像有些人主张的那样救助一些业绩不良的企业，而是投向一些业绩良好的企业。巴西开发银行对这些企业的信贷资产配置除了可以通过补贴式的利率减少这些企业的成本以外，对于这些企业的业绩和效率影响甚微[④]。

①　The Growing Role of the Development Finance Institutions in International Development Policy, Published by Dalberg Global Development Advisors – Copenhagen, 2010.

②　Christa Hainz, Stefanie Cleimeier: Political risk, project finance, and the participation of development banks in syndicated lending J. Finan. Intermediation 21, 2012, pp. 287 – 314.

③　Beatriz Armend'ariz de Aghion, Development banking, Journal of Development Economics, Vol. 58, 1999, pp. 83 – 100.

④　Sergio G. Lazzarini. Aldo Musacchio, Rodrigo Bandeira – De – Mello And Rosilene Marcon, What Do State – Owned Development Banks Do? Evidence from BNDES, 2002 – 09 World Development Vol. 66, 2015, pp. 237 – 253.

（三）对开发性金融风险控制问题的研究

开发性金融是适合发展中国家需要的一种金融形态，但发展中国家由于治理能力和信用建设水平不高，开发性金融资产的安全性格外受到学者的关注。杰里米·布洛和肯尼思·罗格夫（2005）研究了国际多边开发银行，如世界银行资助与贷款两种方式支持发展中国家的利弊，认为一些制度薄弱的国家，有系统性违约的倾向。多边开发银行应该谨慎行事，以避免通过外在的增强性机制扩张一个发展中国家的借贷能力，因为这些国家的制度和治理水平太弱，无法支撑巨额的国际债务①。塔思林（1995）以孟加拉国开发性金融机构贷款的高违约率为研究对象，提出欠发达国家开发性金融机构贷款高违约率有两个原因，一是这些国家借款人企业管理和运营能力不足；二是契约约束性不强。此外还与这些国家国内市场容量小，国际市场开拓受到贸易保护的限制，从而企业盈利性不强有关②。

综上所述，尽管国外对开发性金融的研究没有构成热点，但是上述研究成果触及到了开发性金融运作和发展的核心问题，包括理论依据、作用领域、效率和风险控制等，对于我国的开发性金融实践和理论研究，包括对本书的研究具有重要的参考价值。

二、国内开发性金融及其资源配置问题的研究

（一）国内开发性金融研究方兴未艾

近年来国内对开发性金融的研究兴趣逐步上升。从研究主体上来看，既有领军人物对开发性金融的著述，也有经济金融专家、学者及从业人员的探索。根据"中国知网"的查询结果可知，从2000～2016年，发表于我国各类期刊的关于开发性金融的研究文章，约2000多篇。其中陈元关于开发银行和开发性金融的论述文章，从2000年到2016年，约67篇，论及开发性金融理论与实践的诸多方面。

专家学者和从业人员对开发性金融的相关论述和研究，主要分为两大部分。一是理论考察；二是实践研究。理论考察包括：对开发性金融概念和属性的描述；作用和活动边界考察；对开发性金融与财政以及其他金融形态关系的研究；

---

① Jeremy Bulow and Kenneth Rogoff, Grants versus Loans for Development Banks, The American Economic Review, Vol. 95, No. 2, Papers and Proceedings of the One Hundred Seventeenth Annual Meeting of the American Economic Association, Philadelphia, PA, January 7 - 9, 2005 (May, 2005), pp. 393 - 397.

② M. A. Taslim, The Canadian Journal of Economics/Revue canadienne d'Economique, Vol. 28, No. 4a, 1995, pp. 961 - 972.

开发性金融理论基础、关联理论的研究等。对于开发性金融实践的研究，侧重探讨开发性金融的业务、产品、模式等各种具体问题。根据本书的研究需要，我们则要对开发性金融理论研究的主要成果进行综述。

1. 对开发性金融概念和属性的描述。

关于中国开发性金融概念的源起，被认为是时任国开行行长的陈元于 2000 年首次在国内提出的①。在此之前，国开行被认为是一个纯粹的政策性金融机构。2000 年以后，开发性金融在不否认自身政策性本质的同时，开始作为一个独立的概念，出现在金融实践和理论研究中。"名不正则言不顺"，在梳理研究者们对开发性金融概念的界定时，我们发现，关于开发性金融并没有一个标准的定义，开发性金融的内涵随着开发性金融实践发展而逐步发展。这种发展变化性，也决定了作为理论形态的开发性金融也是一个发展变化的范畴。

在开发性金融概念提出的早期阶段，研究者侧重把其作用的领域作为"开发性"的标准，并强调开发性金融的本质是"金融机构和金融业务活动"。如白钦先（2005）认为，所谓开发性金融，是特指经济中基础性产业或领域，或落后地区，或在新形势下又延伸至具有某种特殊战略性的产业或部门，提供信贷等金融服务的金融机构和金融业务活动的总称②。

随着开发性金融作用的拓展，以及其市场和制度增进功能的显现，开发性金融由"金融业务活动"升级为一种"金融形式"。如《开发性金融论纲》中指出，开发性金融是单一国家或国家联合体通过建立具有国家信用的金融机构（通常为银行），为特定需求者提供中长期信用，同时以建设市场和健全制度的方式，加快经济发展，实现长期经济增长以及其他政府目标的一种金融形式③。李志辉、黎维彬（2010）认为，开发性金融是介于政策性与商业性金融之间的一种独立的金融形式。开发性金融指的是，具有政府特定赋权的法定金融机构，以市场化的运作方式和市场业绩为支柱，主动通过融资推动制度建设和市场建设以实现政府特定经济和社会发展目标的资金融通方式④。

随着开发性金融机构经验和知识的积累和不断总结，开发性金融方法论的意义逐渐显现。它由"金融活动""金融形式"，拓展成为一种"金融方法"。陈元（2012）指出，开发性金融是一种金融形态和金融方法，是中国国情下的产物。它以服务国家战略为宗旨，以中长期投融资为手段，依托国家信用，通过市场化

---

①　《国家开发银行史》编委会：《国家开发银行史（1994－2012）》，中国金融出版社 2013 年版，第 134 页。

②　白钦先、王伟：《各国开发性政策性金融体制比较》，中国金融出版社 2005 年版，序第 1 页。

③　国家开发银行、中国人民大学联合课题组：《开发性金融论纲》，中国人民大学出版社 2006 年版，第 75 页。

④　李志辉、黎维彬：《中国开发性金融理论、政策与实践》，中国金融出版社 2010 年版，第 19 页。

运作，缓解经济社会发展瓶颈的制约，维护国家金融稳定，增强经济竞争力。其核心是通过银政合作，主动建设市场，把空白、缺失的市场逐渐培育成熟，为经济社会可持续发展筑牢根基①。

总之，开发性金融的概念并不是先天给定的，而是处在演进变化过程中，随着其作用边界不断扩大，对它的认识也表现出由表及里的特点。开放性金融概念的进化性和开放性，也为我们从资源配置角度研究开发性金融提供了可能。

2. 对开发性功能、边界和运作原则的研究。

开发性金融作为政府的金融工具，在现代市场条件下，能发挥什么样的功能和作用，是其存在和发展的基本前提，因此学界对于开发性金融功能的研究兴趣浓厚，这方面的研究成果也比较集中。

程伟（2005）认为，开发性金融具有开发性功能、倡导性功能和补充性功能。其中开发性功能体现为对市场机制不能发挥作用的环节先行介入支持；倡导性功能指的是倡导社会资金投入国家性项目；补充性功能是指补充其他金融形态功能的不足。开发性金融的活动半径具有伸缩性的特点，主要的取决因素是市场发达程度。市场越发达，商业性金融越活跃，开发性金融的业务半径越窄。开发性金融的活动领域是准公共物品领域，不能拓展到商业性金融机构活动的领域②。

这一观点的基本认识论前提是，市场化和商业化是现代金融的主流，开发性金融仅仅是市场机制的补充。在市场经济框架内，开发性金融不能侵犯传统市场的"领地"，开发性金融的发展不能以牺牲市场效率为代价。这些说法有一个隐含的前提，就是开发性金融天生具有"反市场性"。开发性金融的实践和本书的研究表明，开发性金融与市场的关系不是主体与补充关系，开发性金融的资源配置具有建设市场的作用，市场建设功能恰恰是开发性金融"开发性"的内容之一。不仅如此，开发性金融在运作过程中，也需要坚持市场运作的原则。李扬（2006）指出，政策性金融和政策性金融机构的转型，应该按照"由国家确立适当的目标、以政府信用作为后盾、按市场经济规律运作"的思路进行③。

王绍宏（2008）也研究了开发性金融的功能，认为开发性金融的基本属性是政策性、优惠性与诱导性，具有直接推进和强力推进功能、调节功能和政治外交功能等，提出了开发性金融机构要发展为国际合作型银行的建议④。

① 陈元：《政府与市场之间》，中信出版社2012年版，序6页。
② 程伟：《开发性金融理论与实践导论》，辽宁大学出版社2005年版，第99～101页、第113～115页。
③ 李扬：《国家目标、政府信用、市场运作——我国政策性金融机构改革探讨》，载《经济社会体制比较》2006年第1期，第14页。
④ 王绍宏：《中国开发性金融及其转型研究》，天津大学博士论文，2008年。

　　开发性金融脱胎于政策性金融，又与国家财政有着密不可分的联系。从与这两者对比的角度，阐释开发性金融的功用，也是一个普遍的研究思路。比较有代表性的研究有李志辉、李剑等人的研究成果。其中李志辉、王永伟（2008）利用模型对政策性金融和开发性金融两种模式下公共部门、金融机构和融资主体活动的效率展开比较，得出的结论认为开发性金融活动效率更高，因而不同于政策性金融，具有主体性地位[1]。李剑（2010）探讨了政策性金融与开发性金融的异同，认为政策性金融的主要功能是提供公共产品和扶困，开发性金融的主要功能是市场开发和市场建设。开发性金融是政策性金融的发展。政策性金融要向开发性金融转型[2]。《开发性金融与健康财政的和谐发展》一书中关于财政与开发性金融分工的界定认为，财政的投资方向是"纯公共物品"；开发性金融主要的投资方向是"基础设施、基础产业和支柱产业"等"准公共物品"[3]。赵昕（2013）阐述了开发性金融与财政之间分工协同的必要性，提出两者要在战略、决策、资金等方面加强协同[4]。

　　开发性金融的经济增长效应研究，是实证研究的重要方面。李惠彬（2009）的研究指出，开发性金融与经济增长之间具有长期均衡关系但不具有显著的因果关系，开发性金融对经济增长的影响强度明显大于经济增长对开发性金融的影响强度[5]。罗玲玲（2010）也对开发性金融对经济增长影响效应进行了动态分析，得出相似的结论，认为开发性金融对经济增长的长期影响效应显著，明显大于一般金融对经济增长的长期影响效应，同时表现出很强的经济外部性[6]。

　　此外，对于开发性金融支持特定产业和企业的研究也有一定的成果。王卫军（2013）从技术和方法的角度，提出了采用互助担保协会和担保机构的组合担保机制设计支持中小企业信贷的建议，并建立了基于开发性金融的中小企业贷款定价模型[7]。彭伟明（2014）通过实地调查，考察了战略性新兴产业的融资现状和问题，并结合国外经验，得出结论，认为战略性新兴产业企业的努力水平与开发性金融机构的投资额度、所持股权比例呈正相关，运用开发性金融可促进科技与

---

　　① 李志辉、王永伟：《开发性金融理论问题研究——弥补政策性金融的开发性金融》，载《南开经济研究》2008年第4期，第3页。
　　② 李剑：《从政策性金融与开发性金融的差异看我国政策性银行的转型》，财政部财政科学研究所博士论文，2010年。
　　③ 国家开发银行、财政部财政科学研究所联合课题组：《开发性金融与健康财政的和谐发展》，经济科学出版社2010年版，第27页。
　　④ 赵昕：《论我国开发性金融与财政的配合》，2013年第4期，第27页。
　　⑤ 李惠彬等：《开发性金融对经济增长影响分析及实证检验》，载《经济问题探索》2009年第9期，第105页。
　　⑥ 罗玲玲：《开发性金融对经济增长影响效应的动态分析》，载《企业经济》2012年第8期，第181页。
　　⑦ 王卫军：《基于开发性金融的中小企业研究》，西南交通大学博士论文，2003年。

金融结合，有利于科技成果转化[1]。

3. 开发性金融的现代经济学范式研究。

开发性金融在我国兴起的历史不长，尽管在实践中起到积极的作用，但业界和学界对其存在的合理性也存在一些质疑。因此，从现代经济学理论视角解释和论证开发性金融，也是开发性金融研究领域的方向之一。程伟（2005）在《开发性金融理论与实践导论》中将开发性金融放在现代经济理论框架研究，分别从新古典综合经济学、公共物品理论、发展经济学、转轨经济学等角度对开发性金融存在的合理性、意义及作用空间进行了分析[2]。李志辉、黎维彬（2010）从经济增长理论、福利经济学视角考察了开发性金融[3]。

4. 关于开发性金融理论的阐述。

在研究开发性金融的作用、功能、特征等问题的同时，有的研究也着眼于探索和阐述开发性金融的理论内涵。李志辉、黎维彬（2010）指出，开发性金融的理论内涵包括：一是开发性金融的实践载体是依法享有国家信用的金融机构；二是以经营绩效为支柱；三是采用以融资推动制度建设和市场建设的运作模式；四是以实现国家的经济政策意图为方向[4]。邹力行（2013）认为，开发性金融理论的内涵可以表述为：一是规划是核心竞争力；二是市场信用体制建设驱动经济发展；三是借助政府的信用力量；四是组合融资；五是金融社会化和社会金融化[5]。《国家开发银行史 1994 - 2012》（2013）对开发性金融的理论表述为：第一，以服务国家发展战略为目标和使命；第二，以国家信用与市场化运作相结合为基本原则；第三，以市场建设为核心；第四，以银政合作、社会共建为抓手；第五，以规划先行为方法和前提；第六，以中长期融资推动为载体[6]。上述阐述在一定程度上概括了开发性金融理论的内涵，但比较共性的特点是以开发性金融机构的特征来描述开发性金融的理论内涵，没有形成规范的理论框架。我们将在第一章中，结合规范理论框架的要求和现有的理论成果，探讨构建一个完整的开发性金融理论框架。

（二）对开发性金融资源配置问题的研究

对于开发性金融的资源配置问题研究，尽管未发现系统性和专门性的研究成

---

① 彭伟明：《基于开发性金融的珠三角战略性新兴产业融资模式研究》，武汉大学博士论文，2014 年。

② 程伟：《开发性金融理论与实践导论》，辽宁大学出版社 2005 年版，第 43 ~ 77 页。

③ 李志辉、黎维彬：《中国开发性金融理论、政策与实践》，中国金融出版社 2010 年版，第 73 ~ 91 页。

④ 李志辉、黎维彬：《中国开发性金融理论、政策与实践》，中国金融出版社 2010 年版，第 20 页。

⑤ 邹力行：《开发性金融与可持续发展》，湖南大学出版社 2013 年版，第 61 页。

⑥ 《国家开发银行史》编委会：《国家开发银行史（1994 - 2012）》，中国金融出版 2013 年版，第 149 ~ 150 页。

果，但现有的研究或多或少都与这个论题有关。

陈元（2009）指出，银行的公共属性决定了其具有外部性。但是开发性金融的正外部性大于商业性金融，负外部性小于后者。政府要科学合理地划定政策性与商业性金融的业务边界，同时确定自身与金融的责任、权力和利益边界。只有这样，才能对金融机构的行为进行科学管控，实现金融资源的有效配置。一个合理有效的资源配置体系中，应该允许金融市场行为主体间的充分竞争，以达到改善效率的目的。但同时，市场竞争也应该有一个底线，就是确保金融能够有效服务于国家经济战略目标，同时保持金融机构自身的持续健康，保证国家金融的系统性稳定①。白钦先、王伟（2005）认为，实现准公共物品的有效配置和供给，是现代国家的基本任务，而开发性金融是准公共物品配置和供给的最佳载体②。李志辉、黎维彬（2010）认为，由于资源的稀缺性，在对稀缺资源进行竞逐的过程中，商业性金融的主要目标是利润和效率，社会民生目标往往被忽视。开发性金融的市场与制度建设目标和保本微利的经营原则，能够促进社会资源的合理配置，使社会发展和经济增长互相促进③。

第三节　本章小结

综上所述，现代经济的基本问题是资源配置，政府与市场是两大宏观配置主体。金融既是配置主体，也是配置方式。开发性金融是资源配置方式之一，能够在一定程度上实现对资源的合理配置，这是理论界相对集中的共识。中外学者的研究有助于认识开发性金融的内涵、性质、特征、作用、功能及理论基础等基本问题，是本项研究的基础和起点。与此同时，随着时代的进步，我们认为对于开发性金融的研究还有待深化。

第一，近年来，我国经济发展和改革面临更加错综复杂的内外部考验，平衡各类经济发展目标，满足各个利益主体的需求，保持可持续发展的能力，需要更好地探索经济社会资源的优化配置问题，其中关键的一点是如何将资源宏观配置的目标和微观主体的配置能力结合起来。现有金融资源配置的研究以宏观层面为主，主要研究的是整个国家范围内各类金融资源的宏观配置。对于金融市场主体的微观配置，尤其是开发性金融资源的行业、企业、地域、国际配置机制等全方位研究不够。本书对开发性金融的资源配置机制的系统性、全方位的研究，可以

---

① 陈元：《由金融危机引发的对金融资源配置方式的思考》，载《财贸经济》2009 年第 11 期，第 5 页。
② 白钦先、王伟：《各国开发性政策性金融体制比较》，中国金融出版社 2005 年版，第 21 页。
③ 李志辉、黎维彬：《中国开发性金融理论、政策与实践》，中国金融出版社 2010 年版，第 82 页。

作为微观金融配置领域研究的一个尝试。

第二，现有研究对于开发性金融资源配置机制的系统性研究不够，对开发性金融资源配置效率的研究，大多集中在一个维度，如对于经济增长的影响研究，本书拟从产业、地域、社会和国际四个维度，对开发性金融资源的配置效率进行模型分析，可以作为对开发性资源配置效率方面研究的延伸。

第三，现有对开发性金融理论的阐释，往往都限于对开发性金融机构运行目标、任务与特征的描述，存在以实践特征代替理论逻辑的不足，并没有形成一个命题体系完整、逻辑层次清晰的体系。开发性金融机构在发展过程中，经历了两轮改革，于 2015 年正式确立为国务院直属的开发性金融机构。开发性金融机构的主体地位确立，迫切需要在理论上确立开发性金融理论的主体地位，唯其如此，方能保证开发性金融为国家经济发展提供更加合理和可持续的支持。而构建一个有说服力的理论体系，对于实现这一目标影响深远。

第三章

关于中国开发性金融理论框架的进一步思考

第一节 完善中国开发性金融理论框架的意义

一、学界对开发性金融的质疑

相比国外，开发性金融在我国的发展时间不长，开发性金融理论提出时，开发性金融机构的规模相对较小，尚未积累充分的实践经验，加上开发性金融脱胎于政策性金融，而政策性金融诞生之时，正逢我国市场化改革进程的开始，市场开始成为时代的主音。因此，关于开发性金融，学界还存在较多质疑的声音。主要集中在以下方面。

第一，开发性金融是否具有主体地位？或者说开发性金融存在的合理或合法性基础在哪里？开发性金融机构由来已久，具有各种不同的形态，但国际开发性金融并没有形成统一的理论体系，对于开发性金融是否能成为独立的理论和实践形态，国内一直有不同的观点。例如，白钦先、王伟（2005）从服务对象和服务领域的角度对开发性金融做出界定，没有对其进行金融基础理论或基本实践中的一种基础性的、规范性的划分①。这个观点，既否定开发性金融是一种规范的理论形态，也否定了其是规范的实践形态。肖艳旻、金哲（2013）把开发性金融和政策性金融统称为"政治金融"②。卓丽洪等（2016）坚持把已经被定位为"开发性金融"机构的国开行列入"政策性金融机构"范畴③。杨涤（2011）从根本否定开发性金融的存在基础，他认为金融体系中只包含两大类，即政策性金融和商业性金融，其中政策性金融的资源配置作用是次要的、补充的、辅助性的。政

① 白钦先、王伟：《各国开发性政策性金融体制比较》，中国金融出版社 2005 年版，序言。
② 肖艳旻、金哲：《中国政治金融论》，群言出版社 2013 年版。
③ 卓丽洪等：《"一带一路"战略下政策性金融机构支持"走出去"研究》，载《经济纵横》2016年第 4 期，第 82 页。

策性金融由于强调国家进行资源配置，会对市场产生一定负面作用①。

第二，开发性金融在资源配置中应该居于何种地位？会不会对市场造成侵犯？开发性金融是否会对金融市场的竞争造成侵犯，是学者们担心的问题。如刘东民（2016）认为，开发性金融不应该对市场有任何强取豪夺②。赵昌文、朱鸿鸣（2015）指出，这些年包括国开行在内的政策性金融机构的迅速扩张，超过大型商业银行和其他银行业金融机构。政策性银行膨胀的结果，是造成其与商业银行的交叉和市场争夺。为了促进有效竞争，需要对政策性金融机构的扩张进行有效约束③。

第三，开发性金融会不会消亡？谢森中（2001）认为，一国或地区经济发展到一定的程度时，其私营企业发展的潜力已经得到充分发挥，发展速度较快，技术创新活跃，投资机会较多，经济也能非常动态地发展，各种融资的渠道很多，市场发展很有潜力，那时开发银行的功能将会被代替④。杨涤（2011）也认为，政策性金融是历史阶段的产物，最终会退出市场或转变为商业性金融机构⑤。

第四，监管的难题。国开行成立以来，围绕对其监管的标准和方式一直存在争议。尤其是2008年国开行商业化改制以后，参照商业银行的标准，对国开行的"削足适履"式的监管，一度使其相关业务的合法性受到质疑。2016年国家批准的国开行新章程，明确了其"开发性金融机构"的性质，国开行在治理结构上也将发生重大变化。这一变化引起新的疑问，国开行是否又开始回归"政策性"？未来的业务如何开展？监管部门如何监管国开行的业务？一个讨论最多的方案是把国开行的业务划分为政策性业务和开发性业务，分别监管。而现实中政策性业务和开发性业务的边界如何划分？这些都是摆在监管部门面前的难题。

我们认为，从根源上来看，上述问题在一定程度上都在于现有对开发性金融理论的总结缺乏足够的说服力，反映了开发性金融的理论建设还需要进一步深化。只有构建一个逻辑清晰、命题体系完整的框架，才能从理论上确立开发性金融的主体地位，消除各种理论困境，更好地指导开发性金融实践，为金融监管提供更充分合理的理论依据，增加中国在国际金融话语权，保证开发性金融的可持续发展。

二、一个完整理论框架的标准

众所周知，理论是现代科学研究的基础，现代科学包括社会科学的理论是一

① 杨涤：《金融资源配置论》，中国金融出版社2011年版，第103、104、154页。
② 参见刘东民在开发性金融法治国际研讨会上的发言：《开发性金融机构的职责、义务范围和业务模式》，中国开发性金融促进会网站，2016年12月29日。
③ 赵昌文、朱鸿鸣：《从攫取到共容——金融改革的逻辑》，中信出版集团2015年版，第176页。
④ 曾康霖等：《百年中国金融思想学说》第一卷，中国金融出版社2011年版，第523页。
⑤ 杨涤：《金融资源配置论中》，中国金融出版社2011年版，第155页。

套严格的逻辑体系。艾尔·巴比指出，理论是对与生活某一方面有关的事实与规律的系统性解释……理论至少包括四个要素：概念、变量、陈述和形式[1]。李怀祖（2004）指出理论必须能够构成一套演绎体系，理论的概括性和抽象性越强它的价值越大[2]。高尚涛（2009）认为，一个完整的理论体系应该包括命题、假设和范式（基础性理论或看问题的视角）的研究[3]。

三、现有对开发性金融理论表述的不完美之处

如果参照以上关于理论构成的标准，文献综述关于开发性金融理论的概括，在我们看来，还有以下不完美之处：首先，从内容上，没有区分开发性金融的本质与特征，或者说概括的主要是开发性金融机构实践层面的运作原则、方法和特征，而没有解释开发性金融质的规定性。开发性金融机构实践层面的特征是与时俱进的、可变的，仅仅阐述特征，在理论上难以达到服人的效果。例如，开发性金融机构"保本微利"的特征，更多体现的是政策性银行的特征。"保本微利"的尺度边界在实践中也不好把握，可能适用于开发性金融机构的国内运作，但不一定适用于国际业务，因为在国际金融市场中，市场效率原则应该作为优先原则，"补贴式"金融并不总能带来理想的效果。其次，从形式上，这些阐述没有揭示各命题或判断之间的关系，没有考察开发性金融作为一个理论体系，概念和命题之间的相互关系，对一些关键的概念缺乏深度的阐释。最后，从这些阐述上，看不出对开发性金融理论所成立的范式环境、关联理论的考察，因而难以有强的说服力。

一个完备的开发性金融理论应该是怎样的呢？我们认为：第一，要有完整的概念体系和话语体系，并且对这些概念衍生出的变量、相互之间的逻辑关联有解释。比如对于信用这个概念，在开发性金融看来，它的内涵和外延是什么？它衍生出来的市场信用、政府信用、企业信用之间的逻辑连接点和逻辑关系是什么？第二，应该解释开发性金融质的规定性。开发性金融作为一种金融形态，既是一种社会资源，也是一种资源配置方式，有必要从资源配置的角度，厘清开发性金融相关的概念，说明概念之间的关系，构建命题系统。第三，要能看出开发性金融理论的基本假设条件，即开发性金融理论成立的条件、背景、关联理论等因素，以增加理论的说服力。第四，要区分作为理论的开发性金融和作为实践的开发性金融，阐明其理论框架和实践框架。开发性金融的理论框架的核心应包括金融本质论层面、目的论层面和方法论层面。开发性金融理论框架的延伸是历史发

① ［美］艾尔·巴比：《社会研究方法》，李银河编译，四川人民出版社1983年版，第33页。
② 李怀祖：《管理研究方法论》，西安交通大学出版社2004年版，第65～67页
③ 高尚涛：《国际关系理论基础》，时事出版社2009年版，第12页。

展层面和理论范式层面（关联理论），可以被认为是纵向层面和横向层面。开发性金融的实践框架即我们将在本书第七章讨论的开发性金融资源配置的机制，包括核心机制、关系机制和产品机制。

为了更好地理解开发性金融理论体系的沿革，我们先考察其历史发展层面。

第二节　中国开发性金融理论的渐进式发展

一、1998～1999 年：开发性金融理论的酝酿期

在国开行建立之初的政策性银行阶段，在贯彻国家产业政策的同时，由于用财政思维办金融，市场业绩不佳，不良贷款一度达到 40%。随后的亚洲金融危机，也加剧了对银行业系统风险的担忧。1998 年就任的行长陈元开始思考国开行如何转变经营思路，实现优良业绩。他这一时期发表的几篇文章，主题都是围绕深化政策性银行改革、建立市场化机制和防范金融风险展开的。他强调为了改变不良贷款率高造成的经营业绩低下局面，必须充分重视市场，发挥市场机制在资源配置中的基础性作用[1]。不仅如此，控制金融风险，不仅仅是金融机构的责任，需要重视把政府的决策、管理和经济活动纳入市场框架，遵从市场规则[2]。政策性银行贯彻国家的产业政策的过程，必须坚持市场化的改革方向，摆脱亏损和低效状态[3]。因此，防范风险，应对危机，强调市场业绩和市场建设是这一阶段开发性金融的主线。

二、2000～2004 年：开发性金融理论的形成阶段

2000 年，国家决定实施"西部大开发"战略，国开行迎来长足发展的历史性机遇和发挥作用的巨大空间。针对西部地区大规模的基础设施和生态建设的巨额资金需要，陈元提出了通过"三种融资"，即财政融资、信贷融资和证券融资三者相互配合，以信贷融资为主来支持西部大开发的思路。在信贷融资中，开始探索由地方政府指定的法人机构平台将建设项目打捆，统一贷款并统一还款，把

---

① 陈元：《建立健全开发银行市场化筹资机制》，载《中国建设与投资》1998 年第 11 期，第 25 页。
② 陈元：《防范政策性金融风险，促进国民经济有效增长》，载《中国金融》1999 年第 4 期，第 6 页。
③ 陈元：《深化金融改革，推动国民经济健康发展》，载《中国金融》1998 年第 12 期，第 14 页。

政府的领导与管理职能转化成市场高效运转机制的重要环节①。与此同时，陈元开始系统思考政策性金融理论问题。在 2000 年于中国金融学院所做的《中国政策性金融理论与实践》中，第一次提出了"开发性金融"的概念②，并系统思考开发性金融的作用、政府信用的支持、市场信用的建设问题。2001 年，我国加入世贸组织，对金融业是巨大的考验和机遇。陈元开始思考中国的金融体系建设问题。他指出，为了实现我国全面的现代化，必须建设一个"强大、稳健、高效"的金融体系，而建设这样一个强健的金融体系的关键，是解决中国当时面临的信用缺失和信用体系不健全的问题。陈元这两年发表的文章，大部分都是围绕信用建设这个主题③。2003 年，党的十六届三中全会提出完善市场经济体制、为小康社会建设提供体制保障。国开行积极响应，陈元提出了开发性金融制度建设的任务和以融资推动制度建设的思想。2004 年，国开行成立十年之际，陈元对开发性金融做了系统的阐述，标志着中国开发性金融的理论建设初步完成。

三、2005～2013 年：开发性金融理论的成熟阶段

2005 年初，中共中央提出包括社会建设在内的"四位一体"布局，开发性金融根据变化了的现实，提出了以"市场建设推动社会建设"的目标。2005 年起，国开行的国际化战略拉开大幕。先后向 100 多个国家派出工作队伍，国际业务成为重要一翼。参与国际化资源配置的实践，使开发性金融对于自身的作用与定位有了更为深刻的认识。2008 年新一轮的国际金融危机发生后，开发性金融在稳定国内投资、抵御经济下滑压力方面发挥了中坚作用。这一时期，陈元对政府信用、对后危机时代中国经济发展的路径、对开发性金融的逆周期调节作用和资源配置作用作了深入思考，把市场信用体制建设提升为与投资、消费和进出口并行的经济增长的引擎之一④。

四、2013 年至今：开发性金融理论继续发展

党的十八大以来，我国进入全面深化改革新阶段，经济步入"新常态"，供给侧结构性改革逐步推进，全面建设小康社会进入攻坚阶段。国开行根据形

① 陈元：《积极发挥政策性金融作用，支持西部大开发战略》，载《中国外汇管理》2000 年第 5 期，第 5 页。
② 陈元：《中国政策性金融的理论与实践》，载《金融科学》2000 年第 3 期，第 1～12 页。
③ 陈元：《办好银行，建设强大的金融体系》，载《中国金融》2001 年第 12 期，第 8 页。
④ 陈元：《市场信用体制建设是经济发展第四推动力》，载《科学决策》2010 年第 2 期。

势的发展和变化，主动服务国家战略，在传统"两基一支"业务的基础上，加大了在民生领域，包括棚户区改造和扶贫攻坚领域的工作力度。这一时期，我国经济下行、外部市场萎缩和产能过剩以及结构的深度调整，使前期被高速发展所掩盖的一些金融风险显现出来。尽管开发性金融机构保持了良好经营业绩，但更好的风险管理仍然是新常态背景下立于不败之地的必要条件。这一时期，开发性金融理论上更加突出强调服务国家战略和支持民生的重要性。在机构发展和业务运行上，更加强调基于服务国家目标前提下的自身的可持续发展能力建设①。

第三节 进一步完善中国开发性金融的理论框架

一、开发性金融理论框架的主要内容

通过历史分析可见，开发性金融理论是在中国特色社会主义市场经济实践中形成和发展的，是在主动思考和应对国内外经济形势过程中不断丰富和完善的。我们根据开发性金融理论的历史内容分析，把开发性金融理论框架分为三大方面内容：开发性金融的金融本质论、开发性金融的目的论（发展观）和开发性金融的方法论（见图3-1）。

图3-1 开发性金融理论框架的三方面内容

① 《深改服务国家战略再加力》，载《人民日报》2015年4月14日。

（一）开发性金融的金融本质论

1. 金融的本质与金融体系功能。

开发性金融理论的逻辑起点，是对于金融本质的认识。陈元指出，金融是生产力，通过信用的责权约束机制进行资源配置[①]，并提高资源配置的效率和效益[②]。

这一判断，包含以下几层意思。第一，金融是生产力，这个命题继承了马克思关于信用能够加速生产力物质发展的论断[③]，强调的是金融的革命性，其本身是生产循环的组成部分，对于生产力发展有重要驱动作用。经济的发展就是生产力的发展，因此金融对经济的发展具有驱动作用。开发性金融从本质上说，就是最大限度发挥对生产力和经济发展驱动作用的金融形态。它并非有些观点主张的，仅仅是一种着眼于市场纠偏的补充性或补偿性金融。第二，金融的本质任务是配置资源，效率和效益是衡量配置结果的两个标准。效率强调经济产出与投入比，效益强调正的社会外部性，二者的关系即是效率与公平的关系。具体到开发性金融，一个是对于经济增长的支持作用，一个是对于民生福利的改善作用。从后面各章的实践分析中，我们也将看到，开发性金融的运作主要是围绕这两个目标。第三，金融的核心是信用，信用的基础是明确的责权机制。金融要发挥好作用，就必须进行信用建设，明确责权机制。在后面几章的分析中，我们也会发现，开发性金融的信用建设，都是围绕构建权责清晰的信用结构进行的。因此，陈元关于金融的本质是生产力的观点，我们认为是开发性金融理论的逻辑起点或者说核心命题。

因为金融是生产力，所以对于国家来说，建设一个强健的金融体系极其重要。强健高效的金融体系是经济可持续发展的保障，也是实现国家现代化和增强国际竞争力的必要条件[④]。在金融全球化条件下，稳健的金融体系还能够对冲国际资本流动造成的动荡和风险。因此，国家要建立一个包括银行体系在内的稳健的金融体系[⑤]。

什么是合理有效的金融体系呢？合理有效的金融资源配置体系，首先不应该排斥金融机构之间的竞争，只有充分竞争才能提高效率。同时合理有效的金融体

---

① 陈元：《办好开发银行 促进信用建设 高效率地支持经济发展》，载《中国金融》2002年第3期，第10页。

② 陈元：《建设强健的金融，支持经济发展》，载《管理世界》2002年第2期，第4页。

③ ［德］卡尔·马克思：《资本论》第三卷，人民出版社2004年版，第500页。

④ 陈元：《建设强健的金融，支持经济发展》，载《管理世界》2002年第2期，第4页；《办好银行，建设强大的金融体系》，载《中国金融》2001年第12期，第12页。

⑤ 陈元：《新经济条件下的国际资本流动》，载《中国投资》2006年第6期，第31页。

系追求三个目标的统一：一是保证金融资源配置能为国家经济发展目标提供支撑。二是金融机构自身经营的稳健。三是要维护国家金融体系的整体稳定①。

开发性金融关于合理有效金融体系的观点，要求我们正确评价开发性金融机构与其他金融机构的关系。首先，不能完全否认开发性金融机构与其他金融机构的竞争关系，只有保持一定范围和程度的竞争，才能促进金融资源配置效率的改善。实践也表明，在现代市场经济条件下，不同类型之间金融机构的业务交叉性是不可避免的，泾渭分明的市场界限如同完全竞争市场一样，都只能在理论上成立。开发性金融与其他金融机构只有保持一定的竞争关系，而不是单纯的补偿关系，才能有效地纠正以效率最大化为目标的市场机制的盲目性，减少金融动荡。这一方面是由于开发性金融机构以实现国家战略为目标，不以盈利为最终目的，实施"保本微利"策略，能够引导降低社会融资成本；另一方面开发性金融机构的理性经营和风险管理能力，能够使总体金融风险概率最小化。由于开发性金融机构以"保本微利"为经营原则，其利差水平和盈利能力往往低于商业性金融机构，并没有在竞争中对市场构成"巧取豪夺"，在市场竞争中并不必然居于优势地位。二者保持一定的竞争，有利于增强开发性金融机构自身的活力和整个金融体系的活力。其次，开发性金融与商业性金融在一定程度上的竞争，要以实现国家经济发展目标和金融体系的稳定为前提。实践表明，开发性金融并没有挤占商业性金融的市场空间，更多地是为后者的发展创造条件和空间。而商业性金融在利润最大化的原则驱动下，有时会"侵入"开发性金融应该率先发挥作用的领域，结果为国家经济宏观经济调控和金融体系的稳定带来负面影响。如2008年以后，我国商业银行资金大量涌入地方政府融资平台和基础设施建设领域，造成地方政府债务规模在短期内激增。而为了应对随之而来的政府债务控制造成地方融资平台资金链断裂的风险，商业银行的资金又通过"影子银行"等各类"通道"进入融资平台，一度抬高了地方融资平台和建设项目的利息负担和全社会的融资成本，成为我国当前经济"高杠杆率"的源头火种。

开发性金融的合理有效金融体系观点，也要求正确认识不同融资形式的作用和关系。财政融资、信贷融资和证券融资三者各司其职而又内在统一，不是相互取代的关系，共同的目标都是支持一国的经济发展。但是在不同国家三者的地位不同。发达国家更多地采用证券融资，发展中国家更多地采用前两者②。我国的金融实践，尤其是开发性金融实践表明，以信贷融资为主的间接融资方式在信用不发达、经济管理效率较低的情况下，能够起到建设信用、防范风险和支持发展

① 陈元：《由金融危机引发的对资源配置方式的思考》，载《财贸经济》2009年第11期，第5~11页。
② 陈元：《西部大开发中经济和金融的可行性》，载《中国民营》2000年第3期，第29页。

的关键作用，脱离实际地追求低杠杆率，往往不能取得理想的效果。

2. 开发性金融机构的功能论。

开发性金融机构是开发性金融理论的载体，在我国现阶段的资源配置体系中不可或缺。原因在于我国还处在社会主义初级阶段，市场制度还不发达，追求短期效益和利润最大化的商业性金融机构往往对于那些投资额巨大、回收期限长、风险控制难度大的领域、行业和项目采取回避的态度，因而造成这些领域和项目信贷资源配置的不足。开发性金融的内涵和外延、开发性金融机构的使命和任务随着外部形势的变化而变化，但是对各国，不管其发达程度如何，开发性金融机构的基础功能都是配合国家战略规划，支持重点区域、产业及企业。对我国来说，开发性金融的主要任务是，帮助政府突破社会瓶颈领域的制度缺损和融资难题，实现经济社会发展目标。

开发性金融机构不仅具有长期开发功能，其在经济发生周期性波动时，也具有逆周期的调节功能。开发性金融之所以能够发挥逆周期调节功能，是因为开发性金融代表国家信用，实行市场运作，天然地拥有服务国家战略、贯彻国家经济政策的法定职能，能够主动按照国家经济调控的目标和部署，调节信贷规模投放，调整融资结构，而这个过程并不需要其他中间环节的传导，因而开发性金融在逆周期调节方面，具有其他金融形态难以具备的直接性和及时性[1]。

与开发性金融逆周期调节作用相对的是商业性金融的顺周期性，商业性金融的顺周期性是天然的，是由商业性金融的本质特点决定的。商业性金融在资源配置时，服从于经济效率和利润最大化的基本目标，在经济上行时期，往往容易通过降低利率放宽信贷条件，从而对经济过热起到推波助澜作用；在经济下行时期，商业性金融往往为了防范风险，提高风险溢价水平，收紧融资条件，从而造成实体经济所需要的资金供给紧张，增加经济下行压力。

商业性金融的顺周期性和开发性金融的逆周期调节作用已被实践证明。20世纪末及21世纪初爆发的两次金融危机，使金融机构的流动性危机骤升，金融体系面临全面风险。东南亚各国、阿根廷、巴西以及俄罗斯等国受到强烈冲击，在危机以后经济也长时间呈现衰退趋势。我国由于开发性金融机构的实力较为强大，危机发生以后，能够按照政府的意图通过向基础设施和实体经济领域及时"输血"，起到消化过剩产能、托举市场和稳定经济形势的作用。2016年国家批准的国开行新章程，明确把"平抑经济的周期性波动"，作为开发性金融机构的功能之一，体现了国家政策层面对于开发性金融机构逆周期调节作用的认可。

当然，强调商业性金融的顺周期性和开发性金融的逆周期调节作用，并不意

---

① 陈元：《开发性金融与逆经济周期调节》，载《财贸经济》2010年第12期，第13~19页。

味着要否定商业性金融和现代信用制度本身。开发性金融是以商业性金融为主体的现代信用制度发展到一定阶段的产物。它的出现，在于弥补商业性金融顺周期性之不足，既为经济发展提供驱动力，也同时起到"平衡器"和"减振器"的作用，既是引领者，也是补缺者。"一个国家的经济可以划分为不同的行业，每一个行业都有不同的发展层次，开发性金融所从事的要么是引导性、基础性的领域，要么是某一行业中最前端的、引导性的项目，要么是基础性或薄弱性的项目，开发性金融在国家金融体系中起到了引领者和补缺者的作用，是中国金融生态的重要组成部分。"①

（二）开发性金融的目的论（发展观）

如果说开发性金融的金融本质论，重在阐明"我是谁"，那么开发性金融的经济社会发展观，则重在阐述"为了谁"的问题，体现的是开发性金融的价值观。中国开发性金融的价值观植根于我国的国情和体制实际，是赶超发展观、可持续发展观和全球化发展观的综合体。

1. 开发性金融的赶超发展观。

开发性金融的赶超发展观，借鉴了发展经济学关于经济发展阶段性特征的理论，认为研究发展阶段的特征，能够认清经济社会发展规律，为发展中国家实现赶超指明方向。从发展经济学的角度看，一国经济发展要依次经过建设—产业—消费阶段。建设、产业和消费在每一个阶段同时存在，但不同阶段侧重点不同。建设阶段，产业和消费都服务于建设；产业阶段，社会经济资源更多地向产业领域倾斜，建设和消费从属于产业；消费阶段，经济发展的动力是消费需求，建设和产业通过消费带动。建设、产业和消费三个阶段，有着不同的主要矛盾和特征，金融结构也各不相同。产业阶段的金融结构偏重资本市场，消费阶段的金融结构以消费金融为主，而开发性金融是建设阶段的有效金融形态。

开发性金融认为，尽管当前中国有些地区已经出现消费经济的特征，但整体上还处在建设阶段。此外，社会民生领域还存在诸多掣肘因素和供给短板。在重点领域和薄弱环节，尤其要发挥开发性金融的作用，才能实现经济发展向高一阶段的赶超式发展②。

对于中国现阶段来说，不仅经济发展存在赶超的需求，制度建设和金融体系建设也存在赶超发展的需求。尤其在全球化背景下，国际竞争不仅是产业优势竞争、硬实力竞争，公共管理包括经济金融治理制度的软实力竞争的重要性日益凸

---

① 潘成龙：《开发性金融的价值理性和工具理性分析》，载《开发性金融研究》2015年第4期，第15页。
② 陈元：《开发性金融与中国经济社会发展》，载《经济科学》2009年第4期，第5～14页。

显。而我国政府的公共管理水平、经济治理能力、金融管理能力与发达国家相比还存在较大差距，体制和制度建设仍然处在进行时。因此，加快进行制度建设和创新也是我国的必然选择①。

因此，实现国家跨越式发展是开发性金融的目标。在本书第三章和第四章关于开发性金融的产业和地域资源配置分析中，我们将揭示，开发性金融在这两个维度的资源配置，正是体现了开发性金融的赶超发展观。

2. 开发性金融的可持续发展观。

赶超式发展与可持续发展辩证统一于我国社会主义建设实践中。开发性金融认为，金融支持是经济持续发展的关键。中国经济有三个难题：一是经济快速持续发展的内生动力不足。二是市场化不完善，与全球化的发展要求不匹配。三是信息化对工业化提出了更高的要求。解决上述矛盾，需要金融发挥支持经济增长和结构升级的作用②。

可持续发展需要有不断推动发展的力量。开发性金融认为，城镇化创造需求，工业化创造供给，二者能够为经济提供持久动力。我国的城镇化和工业化，不是逐利资本推动的，而是建成小康社会的目标在推动，因而在实践中能够高度重视社会公平和普惠。这是中国开发性金融提出的更高要求，也是开发性金融的业务空间③。开发性金融的可持续发展观，意味着把支持经济建设和社会建设放在同等重要的位置，并把支持社会建设的过程，作为金融社会化和普惠化的过程。金融社会化的核心是调动全社会金融、管理和专业资源，形成系统合力，共防风险，促进各经济要素的协调发展④。

由此可见，开发性金融的可持续发展观，是建立在跨越式发展观基础之上，融合了金融支持社会和民生建设的发展观。开发性金融的社会责任，有别于商业性金融一般意义上的社会责任，它着眼于以金融手段促进系统性和整体性的社会建设和民生福利目标的改善。开发性金融的可持续发展观，也是其效率与公平观：把公平作为最终目的，效率是达到公平的手段。

3. 开发性金融的全球化发展观。

开发性金融认为，中国经济发展的一个重要现实是已经融入全球化。开放给中国经济带来实惠，同时，也使中国经济更加依赖于全球化发展的进程。确保金融的稳定，是关系我国改革开放全局的大事⑤。当今经济全球化有两个动力源，

---

①　陈元：《建设国际先进市场业绩的开发性金融》，载《中国金融》2004 年第 7 期，第 4～6 页。

②　陈元：《努力推进信用建设，构建强健金融体系，实现经济持续发展》，载《金融纵横》2002 年第 7 期，第 6 页。

③④　《国家开发银行史》编委会：《国家开发银行史（1994－2012）》，中国金融出版社 2013 年版，第 145 页。

⑤　陈元：《建设强健金融，支持经济发展》，载《管理世界》2002 年第 2 期，第 4～5 页。

第一个是美国消费经济带动的贸易全球化。第二个是有着巨大人口体量的中国的城镇化和工业化进程带动的全球资源配置需求①。

开发性金融的全球化发展观，是开发性金融赶超发展观和可持续发展观在全球化背景下的深化，着眼于通过金融手段，支持我国参与全球产业和贸易循环、开拓海外市场、提升竞争力和维护国家的金融安全。开发性金融的全球化发展观、赶超发展观和可持续发展观一起，构成了开发性价值观的核心，并在实践中聚焦为服务国家战略的目标，是统筹效率与公平、经济与社会、现实发展与长远发展、对内发展与对外发展的全面的、系统的、能动的金融发展观。

4. 开发性金融的风险观。

开发性金融的基本任务是为国民经济的发展提供长期性的融资支持，其风险观的基本主张是建立防范金融风险的长效机制。具体来说，建立防范金融风险的长效机制，需要把握好三个方面：第一，短期与长期的关系，既要解决经济发展中的暂时性、周期性困难，做好危机应对，更要着眼于解决经济发展中的长期问题，如结构问题和增速问题。第二，妥善处理国内市场与国际市场的关系，坚持把内需管理和外需管理相结合，坚持把国内经济发展置于经济全球化的宏观背景下考虑。第三，正确处理实体经济与虚拟经济的关系。实体经济居于首位，实体经济的发展是一切金融利息的物质来源。在二者关系的处理上，需要遵循以下原则：平等对待、统筹兼顾和协同发展②。

（三）开发性金融的方法论

1. 政府与市场关系论。

经济发展的质量取决于资源配置的效率和效益，资源配置的两大主体是政府与市场。开发性金融方法论的核心在于优化政府信用与市场信用的关系。金融市场动荡、扭曲甚至危机经常发生的事实表明，不能过于强调市场信用，应该重视政府信用的作用。政府的信用包括财政信用、货币信用和法定机构的信用。事实上，全社会的信用都是依靠政府信用带动、发展及运转的③。政府信用是最重要的制度资源，中国金融的发展也可以看作市场信用从政府信用中派生，并不断与政府信用相结合、优化运用的过程。

2. "市场、信用、制度"三项建设论。

开发性金融资源配置的核心问题，是用金融的手段，在把握政府信用和市场信用的辩证关系的基础上，合理利用和配置政府和市场资源，达到促进经济发展的目

① 陈元：《防范金融风险需正确处理四个关系》，载《红旗文稿》2009年第14期，第12页。
② 陈元：《防范金融风险需正确处理四个关系》，载《红旗文稿》2009年第14期，第11页。
③ 陈元：《政府与市场之间》，中国金融出版社2012年版，第302页。

的。"市场建设、信用建设和制度建设"，是开发性金融配置资源的基本方法。

（1）市场建设。建立市场经济体制，意味着要更多地发挥市场作用。政府与市场之间的矛盾关系，在20世纪90年代前后，集中地体现为产业要进行市场化的发展和市场机制不健全、政策体制束缚之间的矛盾。我国开发性金融机构的成立，是为了解决政府政策与市场机制之间发展的不配套、不协调问题，通过贯彻国家意志的金融工具，解决基础和重点产业发展和整体结构升级问题。

市场建设主要的做法是结合国家产业政策，优化开发性金融资源的产业配置。推进农业现代化，实施制造强国战略，加快服务业发展等产业政策反映了我国产业发展和升级的长期趋势。开发性金融作为政府政策的工具，也是产业政策的工具，在实践中把握国家产业政策的要求和方向，不断调整和优化产业的资源配置，主动建设市场。

（2）信用建设。开发性金融认为，信用是市场的基础，是连接所有经济活动主体和经济环节的纽带，是社会资源配置的一种基础制度。建立一个完善而强健的信用体系，就是要按照经济发展的要求，科学组合和运用各种信用，形成整体合力，填补空白，弥补缺损，增强市场的抗冲击能力。金融稳定的核心最终是信用体系的稳定和强健①。开发性金融强调政府在信用建设中的主导作用，认为政府信用比较稳定，在市场信用波动的情况下，政府信用能够支持市场信用，从而维护全局利益。

（3）制度建设。开发性金融认为，制度与体制竞争是经济金融全球化时代的关键内容。其中微观制度和金融基础设施建设是完善现代市场体制的重要方面。微观制度包括产权、所有制、法人治理结构等；金融基础设施包括支付、信用、业绩考核、会计制度和法律等方面。

开发性金融的制度建设作用，从外部来讲，一般是通过协助政府进行融资平台和信用平台的建设，解决政府主导型经济发展模式下的法人、法人治理结构和产权缺位问题。从内部来讲，就是实行财务和审计制度，完善内部责任制，防范金融风险②。

综上，笔者认为，政府与市场关系论是开发性金融方法论的核心，"市场、信用和制度建设"是开发性金融处理政府与市场关系的最基本方法。开发性金融的"三项建设"在开发性金融理论中最革命、最能体现"开发性"。三者是紧密关联的整体，其中市场建设是目标，信用建设是基础，制度建设是保障，共同服务于开发性金融促进经济发展的大目标。

---

① 陈元：《开发性金融与中国经济社会发展》，载《经济科学》2009年第4期，第5～14页。
② 陈元：《发挥开发性金融促进制度建设的作用》，载《人民日报》2003年12月8日。

开发性金融的金融本质论、发展观和方法论，从理论上回答了"我是谁""为了谁"和"怎么办"的问题，是一套建立在实践基础上、经过实践检验的理论体系，因而具有理论上的主体地位。

二、中国开发性金融的内涵与特性的再思考

通过上述对开发性金融理论框架的建构和思考，我们可以概括出关于开发性金融的以下命题。

第一，开发性金融的本质是一种资源配置方式。第二，开发性金融配置的资源是全社会和全球化的信用资源：包含政府、市场、社会和机构信用等。第三，开发性金融配置资源的过程，也就是市场、信用和制度建设的过程。"三项建设"是"开发性"的本质要求和核心内容。第四，开发性金融资源配置的目的在于促进国家经济的赶超式、可持续和全球化发展。第五，开发性金融运行的体制环境是中国特色社会主义市场经济，政策环境是国家的宏观经济政策，开发性金融理论和方法的原理，是适应社会主义市场经济体制建设和发展的需要，在贯彻国家宏观经济政策过程中，通过发挥金融的"开发性"和能动作用，确立和发展起来的。

在以上分析的基础上，我们可以给中国开发性金融如下定义：

中国开发性金融是在中国社会主义市场经济体制环境下，通过参与和贯彻国家宏观经济政策，以市场建设、信用建设和制度建设的开发性理念和方法，对包括政府信用、市场信用、社会信用和机构信用在内的全社会信用资源进行有效配置，满足关系国民经济全局的战略性领域和薄弱环节的中长期融资需求，以达到促进国家经济赶超式、可持续发展和增强国家经济竞争力的一种金融形态和资源配置方式。

开发性金融作为一种资源配置方式，在实践中具有以下特征。

（一）工具性

工具性是开发性金融的第一属性。开发性金融是国家宏观经济调控的工具，是国家产业、区域、社会政策的工具，是金融体系稳定和发展的工具，是实现国家对外经济战略的工具。

（二）开发性

开发性是开发性金融能动性的表征。开发性金融机构的开发性，第一层含义是开发性的领域，可以理解为经济社会发展的"重点领域"和"薄弱环节"。重点领域指的是产业、区域、社会和国际发展中的前沿性领域，如战略性新兴产

业、京津冀一体化、"一带一路"建设等；薄弱环节指的是产业、区域、社会和国际发展中的短板与瓶颈环节，一般为基础性环节，如我国产业发展中的基础研发环节，区域发展战略中的贫困地区发展环节，社会发展战略中的环境、教育、医疗、卫生、住房的短板问题等。这些重点领域和薄弱环节的项目，由于财政的实力有限、商业性金融不愿涉足、社会资本积极性不高，需要依托国家信用的开发性金融机构发挥自身的优势加以支持。第二层含义是开发性的方法，体现在通过市场、信用与制度建设，对全社会信用资源，通过融资产品机制进行配置，支持经济赶超式和可持续发展，增强国家的整体竞争力。

工具性和开发性是开发性金融的本质属性，工具性体现开发性金融的服务性，开发性体现开发性金融的能动性，即开发性金融不是被动地贯彻执行国家政策，而是在一定程度上参与国家政策的制定，通过金融手段把政府经济行为信用化，增进政府高效和规范配置资源的能力。因此，工具性和开发性是辩证的统一，不能片面强调一方面：只强调工具性，则会落入传统政策性金融的巢窠；只强调开发性，容易使开发性金融的行为失去规制，朝着追求利润最大化的方向发展，从而引发系统性风险或加剧金融动荡。

（三）长期性

开发性金融的长期性，第一个含义是为经济发展提供中长期的融资支持。第二个含义是开发性金融有长期存在的必要。开发性金融之所以有长期存在的必要性，是因为：第一，经济发展和增长是一个长期性的问题。第二，我国的基本国情是社会主义还将长期处于初级阶段。第三，开发性金融的长期性来源于产业发展，其中包括产业结构调整和升级的长期性。第四，开发性金融的长期性，来源于现代经济中，不论是从一国还是从世界经济发展来看，经济周期波动性在相当长的一段时间内，是不可避免的长期存在。即使在我国社会主义市场经济体制下，由于内外部影响，经济自身发展规律、政府调控能力和全球化捆绑效应的影响，经济周期现象也将长期存在。通过以上分析我们可以看出，商业性金融的利润最大化行为容易引发经济周期并加剧经济周期的后果，而开发性金融的资金期限的长期性，能够熨平经济周期。第五，开发性金融的长期性，来自管控国民经济和金融系统性风险的需要。经济金融风险，往往需要在长期发展中得到缓释和化解，而开发性金融具有支持长期发展的作用。当然，政策和监管层面也要注意防范因开发性金融机构无序扩张引起的长期风险的积累和集聚。第六，开发性金融的长期性，来自我国对外开放战略和全球化进程的长期性。第七，也是最重要的，开发性金融长期存在的根本原因，在于市场、信用和制度建设的任务具有长期性。即使我国的市场、信用和制度建设达到了一定的水平，但从全球范围来看，广大亚非拉发展中国家的市场、信用和制度建设水平还远远落在发达国家后面，开发性金融"三项建设"的核心理念和机制在这些国家仍然可以推广和运用。

（四）供给性

开发性金融的供给性，一是体现在开发性金融通过直接融资和银团贷款等间接方式，动员和引导居民储蓄资金和社会资金投向重点领域和薄弱环节，通过带动社会融资总额为国民经济发展提供资金供给。二是体现在开发性金融通过"三项建设"，为市场信用制度的健全与发展提供制度供给。开发性金融的制度供给，不同于商业性金融的产品创新，带有系统性、全局性和战略性特征，制度供给是开发性金融的最显著特征。

（五）平衡性

开发性金融的可持续发展观要求开发性金融在运作实践中，追求下列目标的平衡。一是政府与市场的平衡，即充分利用政府信用和市场信用之长，弥补或避免政府失灵与市场失灵对金融体系和经济发展带来的负面影响或冲击。二是公平与效率的平衡，即在运行目标上，兼顾资源配置的效率与公平。三是现期目标和远期目标的平衡，既重视解决经济社会发展中的当前困难和问题，又着眼于夯实经济社会长远发展的基础。四是产业金融和民生金融的平衡，既支持国家经济结构的升级，又注重民生福利的改善。五是注重实体与虚拟经济的平衡，既保持一定的盈利目标，又控制融资价格，让利实体经济。六是财政政策与金融政策的平衡。开发性金融得到财政信用和中央银行货币信用的双重支持，能够发挥金融市场的资金与财政资金的共同优势。

从以上各特征的关系看，长期性、供给性和平衡性是开发性金融的派生特征，是由工具性和开发性的本质特征决定的。

三、中国开发性金融理论的定位

由上述历史分析和框架分析可见，中国开发性金融理论是在中国特色社会主义理论指引下、在社会主义市场经济建设中、在开发性金融机构实践中形成的理论体系（见图3-2）。以后各章的实践分析也表明，开发性金融是有效的资源配置体系，能够在提高经济效率的同时缩小收入差距，不仅提升现阶段的经济发展水平，而且为长期的发展打好基础，实现政府调控与市场调控的高效统一，因而是中国特色社会主义市场经济理论的有机组成部分。

与此同时，开发性金融理论也是吸收了西方现代经济学的精髓。古典经济学中的"有效市场"理论、经济发展理论、市场失灵理论，都能在开发性金融理论框架中找到自己的身影。开发性金融是一种逻辑清晰的、体系完整的、能动的、包容的理论，会在中国的发展和全球化进程中，持久性地发挥作用。开发性金融的使命在于有效配置资源、建设市场，而不是排挤市场和侵占市场。开发性金融是一种资源的配置方式，它既不是传统政策性的，也不是纯商业性的，它是建立在对二者的超越和扬弃之上的，更符合中国特色社会主义实践需要的资源配置方式。在监管层面，没有必要把开发性金融机构的业务机械地划分成商业性和政策性，进行所谓"分类监管、分账经营"，只需要按照开发性金融自身的规定性、按照有利于更好发挥其作用的原则，设计相关监管指标即可。只有这样，才是实事求是的做法。

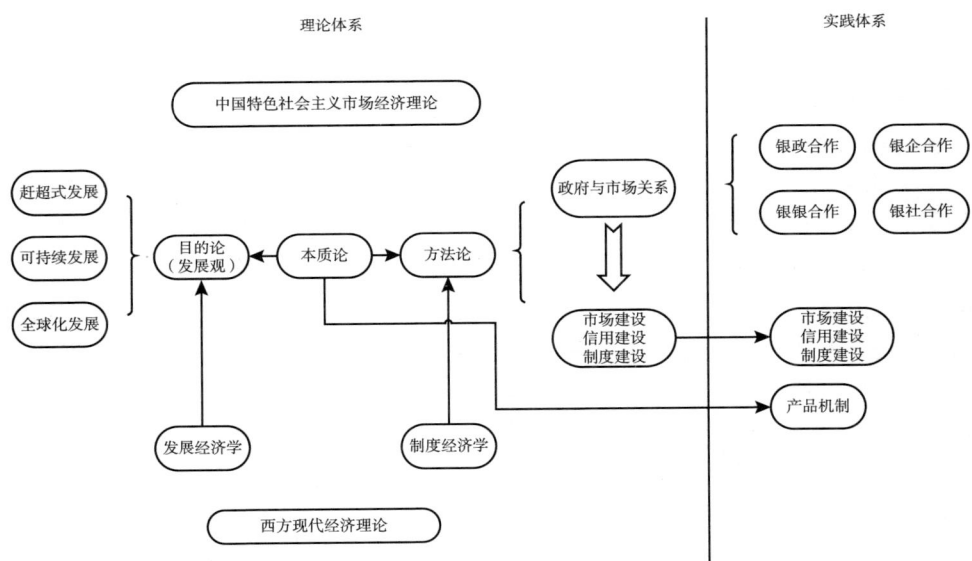

图 3 - 2 开发性金融理论理论和实践框架

第四章

开发性金融资源产业配置

第一节 支持产业升级是开发性金融的基本使命

一、产业升级：理论简述与当代现实

自 20 世纪中期，现代经济学逐渐衍生出经济增长理论和经济发展理论两个流派。增长理论着眼于探讨实现经济总量长期增长的各类要素以及要素间的关系。经济发展理论或发展经济学，起源于全球经济两极分化格局下，对发展中国家也就是穷国弱国实现经济发展路径问题的探讨。经济发展除了更多的产出以外，也包含产业结构优化和生产要素的优化组合[①]。熊彼特指出，经济发展的本质在于以一种创新的方式对现有的劳动力和土地等生产要素进行重新整合。由此可见，不论是经济增长还是经济发展，都与生产和生产方式紧密相连。生产的载体是产业，产业的发展是实现经济增长和经济发展的最根本条件，经济资源配置主要指的是资源在产业范畴内的配置。

经济学上对于产业没有统一的定义，一般认为指的是社会生产中的各个行业。我国的经济管理中，使用的是经济学家科林·克拉克（Colin G. Clark）三次产业理论基础上形成的标准产业分类体系。本章在分析开发性金融产业配置的结构时，也是遵循三次产业划分。

在现代经济学和我国经济建设实践中，与产业相关的概念较多，如产业发展、升级、结构调整、结构演进等，对它们的定义也莫衷一是。我们认为，这些涉及产业的概念主要包括两层含义，一个是具体产业本身的发展与升级，主要与

---

① 刘汉林：《西方理论经济学》（下卷），成都时代出版社 2003 年版，第 476 页、552 页。

技术进步和信息化程度等相关。这个层面主要着眼于传统产业本身的进步与升级，产业技术、知识和管理的提升以及产业剩余收益的增加[①]。第二个含义是产业结构整体的优化和提升，突出科学技术在推动产业优化和提升中的作用。本章开发性金融在产业领域的配置，在支持产业升级方面，同时包含这两个意思。

威廉·佩蒂、科林·克拉克等人研究了产业演进的规律，并提出配第—克拉克定理，认为经济发展的过程就是产业升级的过程，表现为第一产业、第二产业和第三产业的产值比例结构发生变化，其中第三产业产值占比越来越高[②]。华尔特·罗斯托（1960）的经济发展阶段论，也与产业结构的升级有关。"传统社会"随着产业发展水平提升过渡到"为传统创造前提阶段"，产业发展水平的进一步提升会过渡到"启发阶段"，然后是"经济自我持续增长阶段"，产业水平的更高级发展会过渡到"消费阶段"和"追求生活质量阶段"。霍利斯·钱纳里（1986）提出了工业化阶段论，指出由劳动密集型产业、资本密集型产业和服务业分别代表产业发展的初级、中级和高级阶段[③]。

在实践中，各国为保持产业和贸易的竞争优势，都把产业升级作为国家经济和产业政策的重中之重。尤其是进入 21 世纪以来，美国、德国、日本等国纷纷提出国家的产业政策。如 20 世纪 90 年代以来，美国从国家层面实施"保持优势战略"，注重使用技术创新的方法对产业实施升级改造，在信息技术、空间技术和生物制药等方面保持了领先的地位。不仅如此，美国凭借强大和全球化的金融体系，保持了在全球金融业的主导地位和竞争优势。2008 年后，又提出了再工业化的目标，重点发展和重振制造业。日本也抓住 20 世纪 90 年代以来信息技术带来的变化，加快进行产业的升级。在保持汽车、造船、计算机等传统优势产业的基础上，重点发展信息技术、环保和服务产业。德国也是推出了以智能制造和高端制造为中心的工业 4.0 计划，保持传统制造业的领先优势。

因此，产业升级是现阶段各国经济发展的主线，在当今国际经济深度一体化的时代，是否拥有对产业升级的主导权，明确的产业升级战略和产业升级所具备的资本、技术和人才储备，是决定一个国家在世界价值链上地位的关键因素。

二、金融是推动现代产业发展的重要资源配置方式

产业发展与升级是各国经济发展的主线和基础，产业发展所需要的各类资源

---

① 刘志彪：《产业升级的发展效应及其动因分析》，载《南京师大学报》（社会科学版）2002 年第 2 期，第 3～10 页。

② 于刃刚：《配第—克拉克定理评述》，载《经济学动态》1996 年第 8 期，第 63 页。

③ 刘汉林：《西方理论经济学》（下卷），成都时代出版社 2003 年版，第 574 页。

能否得到充足合理的配置，决定了产业发展程度和经济发展程度。资源在产业领域里的配置充足、合理与否，一方面与一个国家的各种资源禀赋条件有关，如中东某些石油资源富集的国家，能源产业天然地成为国家产业重心。另一方面也与国家的经济体制紧密相关。一般认为，在传统计划经济体制下，产业发展一般由政府进行主导，由政府根据经济发展的阶段和需要，决定优先发展哪一类的产业。如苏联和新中国成立初期采取的军事工业和重工业主导战略，都是通过国家的产业政策以及相关的土地、贸易、税收、采购等政策，鼓励、引导各类资源，包括财政资源、金融资源、土地资源、人力资源和科技资源等，强制调配到国家优先发展的产业领域。在市场经济体制下，一般由市场配置产业发展需要的各种资源，一方面由产业主体主动到市场上寻求所需要的各类资源；另一方面各类市场主体也根据自身的需要，通过价格机制，对相关的产业进行资本或资金投入，以达到盈利目的。通过竞争机制，实现优胜劣汰和市场出清。

自从现代信用制度建立以来，金融机构和市场成为产业成长的重要资源配置方式。熊彼特把信贷作为产业发展的首要因素，他指出，生产就是人力、物质和自然力量的组合，而发展就是实施新组合，实施新组合，需要求助于信贷的支持。信贷是实行新组合的首要因素，并通过新的组合进入循环之流①。现代经济增长理论也指出，金融体系可以通过评价不同投资项目的潜在回报，集中大量个人储蓄用于数额巨大的投资，确保投资回报并分摊风险，从而合理分配资本，使其生产率最大化②。

金融对于产业升级的支持有两种方式，一是通过融资的数量结构，在产业之间进行按比重配置，在控制信贷总量的情况下，达到改变和升级产业结构的目的③。二是通过建立与产业发展阶段相适应的金融体系，尤其是金融市场体系，不同的金融市场主体承担不同的职能，支持相应的产业发展。如在美日等高收入国家，产业的融资主要依靠发行证券等直接融资手段。原因之一是这些国家的金融市场成熟发达，另外这些国家的产业发展的过程中伴随着巨大的研发和创新投入，对于分散风险的要求较高。发展中国家的融资体系以商业银行融资为主，原因在于这些国家产业发展程度低，需要银行发挥资金集中、风险控制集中的优势，对某些产业和行业的发展予以重点扶持。

从改革开放到现在，我国金融体系及各组成部分的功能渐趋完善，金融体量日益壮大。到 2015 年底，我国广义货币余额 M2 为 139 万元。2015 年当年社会

① ［美］约瑟夫·熊彼特：《经济发展理论》，郭武军等译，华夏出版社 2015 年版，第 56～64 页。
② ［美］戴维·N. 韦尔：《经济增长》，王劲峰等译，中国人民大学出版社 2011 年版，第 229 页。
③ 厉以宁：《非均衡的中国经济》，中国大百科全书出版社 2015 年版，第 159 页。

融资规模达到 15 万亿元①，占到 GDP 的 22%。金融作为现代经济核心，对经济和产业发展的驱动作用日趋明显。

总之，现代产业的发展，离不开金融的支持。尤其是在现代市场经济体制下，金融通过跨期的资源配置②和杠杆作用，能够弥补政府财政的不足，动员更多的储蓄资金和社会资本支持产业升级。不同的产业发展阶段，需要建立不同的金融体系结构与之相适应。

三、助力产业升级是开发性金融的直接使命

如果说支持产业发展和升级是金融的基本使命，那么对于开发性金融来说，支持国家产业升级是开发性金融的直接使命。既有产业的技术升级和新产业的孵化，一般有以下特点：一是既有产业的技术升级成本巨大，需要大规模的资金注入。二是新兴产业的发展、培育和被市场接受，往往需要一定的周期，才能回收成本，需要长期资金的投入。三是风险高，尤其在经济贸易全球化条件下，各国为提高产品的附加值，占领世界市场，纷纷开展产业和技术竞争，抢占科技制高点，新兴产业极有可能在竞争中由于更先进技术出现而导致产业升级失败。此外，由于贸易保护主义的存在，新兴产业往往在市场具有一定的不确定性，项目风险高。如我国的光伏产业，由于遭遇欧美国家的反倾销，导致国外市场拓展受阻，引起行业风险。四是新兴产业往往带有一定的国家战略性，服务于国家产业竞争的需要，短期内很难带来商业效益。如我国的大飞机和航空发动机的研制，都是长周期的研制过程，需要政府主导下的大规模投入。

新兴产业的这些特点，决定了新兴产业在培育和发展初期对于商业性金融的吸引力较小，商业性金融由于负债结构的相对短期性，也很难满足有些长周期新兴行业的融资需求。开发性金融作为政府的政策工具，本身具有建设市场的开发性职能，同时其长期大额的资金供给、对全社会资金的引导和调动能力，决定了开发性金融能够平衡产业长期和短期发展的需要，支持和培育新兴产业的发展。

世界范围内，开发性金融机构兴起的主要动因是战后产业基础恢复的需要。如成立于德国的复兴开发信贷银行（KFW），在成立之初至 20 世纪 60 年代末，主要的任务是利用马歇尔计划提供的资金，向基础工业部门，包括电力、煤炭、钢铁等工业项目提供长期资金。法国储蓄托管机构（CDC）在战后"黄金 30年"工业经济大发展中发挥主力银行作用。成立于 20 世纪 50 年代的韩国产业银

---

① 中国人民银行金融稳定分析小组：《中国金融稳定报告（2016）》，中国金融出版社 2016 年版，第21 页。

② ［美］兹维·博迪等著：《金融学》（第二版），曹辉等译，中国人民大学出版社 2013 年版，第 3 页。

行（KDB），成立伊始大力发展本国工业的国家战略，主要使命为向电力、煤炭、港湾等大项目提供融资，促进韩国工业和经济发展。后来重点支持电信和汽车产业，在一国的产业升级过程中发挥了关键作用。我国国开行的成立，直接目的也是促进我国产业发展和结构调整，包括贯彻中央的产业政策，搞好产业结构调整，促进产业布局合理化，针对有融资"瓶颈"的领域，引导资金进入，支持国家产业政策扶持项目①。自成立到现在，国开行为我国"两基一支"产业和战略性新兴产业发展提供了大规模的资金支持。

因此，开发性金融是应各国工业化阶段建设任务的需求而生，大都肩负着产业振兴的使命，是政府主动干预和发展经济的产物，支持产业尤其是工业产业发展，是一国开发性金融的基本使命。

第二节　开发性金融资源产业配置：事实与分析

一、开发性金融的产生源于我国经济结构和产业调整的需要

赶超式发展是我国发展模式的基本特征之一，之所以要实行赶超式发展，在于新中国成立以来的发展基础与西方国家存在根本上的不同步性。那时我国经济一穷二白，经济发展的产业基础极其薄弱，决定了不可能完全按照西方的工业演进模式和一些经济学家主张的按照比较优势战略发展②，必须着力优先发展重工业。改革开放以来，在重工业基础基本建立之后，我国的产业结构向重轻工业并举方向调整，并逐步开始城市化进程。同时，为了调动激发经济运行活力。市场经济体制的引入和实施，使我国的生产力得到极大解放，投资需求和消费需求在迅速扩张，与此同时，产业发展所需要的自然资源和社会经济资源出现了供给紧张的局面，我国经济一度呈现"短缺经济"和"紧运行"的特征，经济发展遭遇到基础设施和资源瓶颈，"煤电油运"一度成为经济发展的掣肘因素。不仅如此，我国经济发展也面临外汇短缺和资金短缺的瓶颈。

为了解决这一瓶颈问题，国家采取了以下措施，一是建立了六大投资公司，加大对这些重点领域的资金配置。二是通过国有商业银行，进行相关配套信贷资金的投放。由于不论是在产业领域，还是在金融领域，当时都没有建立"责权

---

① 《国家开发银行史》编委会：《国家开发银行史（1994—2012）》，中国金融出版社2013年版，第28~29页。

② 林毅夫：《新结构经济学》，北京大学出版社2012年版。

利"的约束机制，这些投入一方面促进了重点行业的发展，另一方面也出现了效率低下和呆坏账率高企的现象。

这些问题的出现，从根本上说，是由于产业赶超战略和体制赶超战略实施过程中的矛盾变化引起的。产业赶超战略的实施，带有明显的政府主导特征，意味着国家需要集中较大规模的资源配置到产业发展和升级领域。而建立市场经济体制，意味着要更多发挥市场作用，以价格和供求的自发机制为主导进行资源配置。而20世纪90年代初我国市场体制刚刚处于萌芽状态，市场的力量极为有限。这一时期政府与市场的矛盾，体现为政府赶超式发展需求与市场机制不健全、资源配置能力严重不足的矛盾。解决这一矛盾，必须建立与国家产业发展战略，尤其是赶超式产业发展战略相适应的投融资体制，通过专门性的产业融资机构，专注支持国家发展需要的带有全局和战略意义的产业和建设项目，这也是国开行成立的根本动力和原因。我国开发性金融机构的成立，一开始就是为了解决政府政策与市场体制之间发展的不配套和不协调问题。选择的路径就是建立政策性银行，为重点产业发展和升级提供集中性、系统性融资。当然，这一政策性产业融资机构在成立之初，初步解决了重点领域和产业的投入来源和集中性问题，但没有解决投入的效率问题，不良贷款率一度达到40%。直到后来确立市场化运作原则，通过"市场建设、信用建设和制度建设"，找到了一条平衡政府与市场关系的发展路径以后，才逐步实现了功能与效率的平衡。

二、开发性金融资源产业配置的纵向与横向结构特征

（一）开发性金融资源产业配置的纵向结构：三条主线

开发性金融在产业维度的资源配置上有三条明显的主线，第一条是国家基础性和支柱性产业，主要是"两基一支"（基础设施、基础产业和支柱产业），第二条是社会民生类产业，第三条是基于这两类产业发展基础之上的整体产业升级（见图4－1）。

根据1994年《国家开发银行章程》可知，开发银行资金主要支持"两基一支"产业。1994年5月，国家计委在《基本建设政策性贷款划分目录》，明确了"两基一支"的范围①。"两基一支"是开发性金融资源产业配置的第一条主线。产业的发展是动态的，既有内在升级的需求，还要在全球化时代时刻面临着外部

---

① 基础设施行业包括农业、水利、铁道、交通、民航等；基础产业包括能源工业：煤炭、石油、电力等，基础原材料：钢铁、有色、化工、建材、森工等；支柱产业包括石化、汽车、机械、电子等。

竞争性升级的压力。国开行紧跟形势变化，适时调整重点支持方向，选择支持代表性的创新企业和主导产业。促进产业升级和结构调整，是开发性金融资源产业配置的第二条主线。

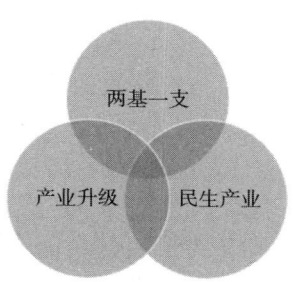

图 4 - 1　开发性金融资源产业配置的三条主线

我国由于长期关注经济增长量的方面，相对忽视了经济增长的质的方面，忽视了社会建设。在科学发展、和谐社会、小康社会等理念的倡导下，我国开始重视关系社会民生产业发展。这些调整和转变，既是宏观方向的调整，也给第三产业的发展带来了巨大的空间和需求，形成了新的增长点。开发性金融根据形势变化的需要，把业务向民生领域和民生产业延伸，并取得了显著的成效。民生产业是开发性金融产业配置的第三条主线。

三条主线所涉及的产业之间的关系是互相交叉的。我们根据国开行年报中的财务报告和业务综述，选取了"两基一支"的主要产业：交通、电力、石油石化、制造业和采矿业；选取了民生金融维度的棚户区改造、农业和新农村建设以及教育。通过汇总各产业维度余额，可以看出：（1）自 2008 年以来，国开行的资金主要投向是"两基一支"领域一直占主导地位；（2）不断加大了对民生金融的支持力度，尤其是近几年，民生产业维度的贷款余额与"两基一支"余额增长保持平行增长的趋势；（3）产业升级维度是一个更加动态和难以量化的维度，难以统计和采集相关数据。近年来，国开行支持把资源更多地投向战略性新兴产业，根据《国开行年报》可知，截至 2015 年底，战略性新兴产业资产余额为7957 亿元，在全部贷款中占比 8.94%。但是从财务报告中，连续性的水利、环保产业投入来看，国开行尽管保持了一定比例的投入，是重点支持产业，但是该产业的贷款余额并没有呈现逐年上升的趋势。

从图 4 - 2 中可以看出自 2005 年以来开发性金融"两基一支"和民生产业信贷余额的变化趋势。

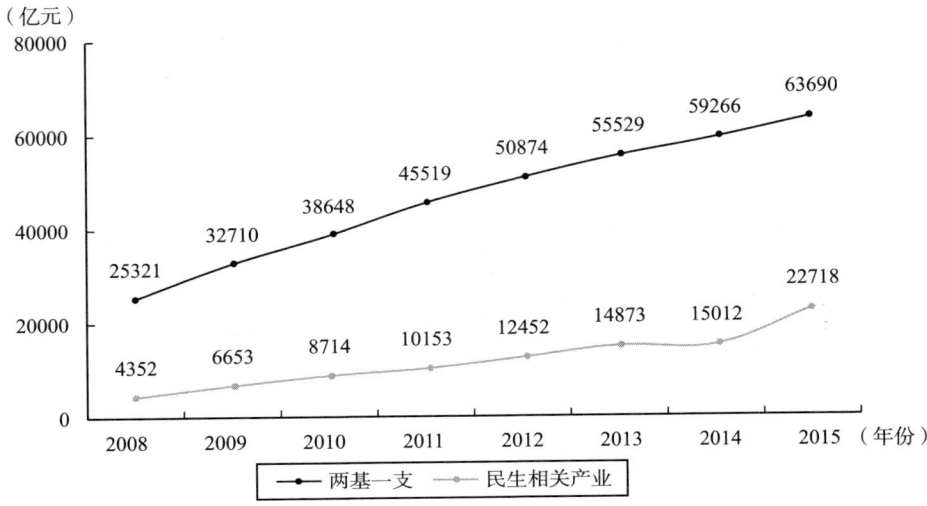

图4-2 开发性金融"两基一支"和民生相关产业贷款余额趋势

资料来源：国开行年报。

（二）开发性金融产业配置的横向结构：三次产业①

我们通过对国开行2013~2015年年报财务报告中反映的细分行业贷款余额，按照三次产业分类汇总后发现，开发性金融在第三产业的配置占比最大，第一产业最小，与我国近几年三次产业结构格局基本一致（见图4-3）。国开行第三产业的贷款余额，主要集中在交通、通信基础设施领域，对我国第三产业的发展，起到了明显的基础性支撑作用。从2014年以来，国开行加大了对棚户区改造的支持力度，建筑业贷款余额增加较为明显，这是近年来第二产业里贷款余额上升的主要原因。

（三）小结

通过以上的分析，可以总结出开发性金融产业配置的以下特点。

第一，开发性金融资源的产业配置，并不是专注于三次产业中某一个具体产业，而是直接作用于三次产业的薄弱环节、瓶颈领域和重点建设项目。国开行支持的重点项目，既分布在三次产业中，又超越了三次产业的界限，起到了连通三次产业，促进三次产业协同和协调发展的作用。这是国开行产业资源配置最本质的特点。

----

① 我国对三次产业的界定，使用的是联合国国际标准产业分类体系（International Standard Industrial Classification of All Economic Activities，ISIC）ISIC 4.0版。本书既探讨开发性金融在第一产业、第二产业、第三产业部门中的配置，也探讨在同一产业部门内，不同产业之间的配置问题。

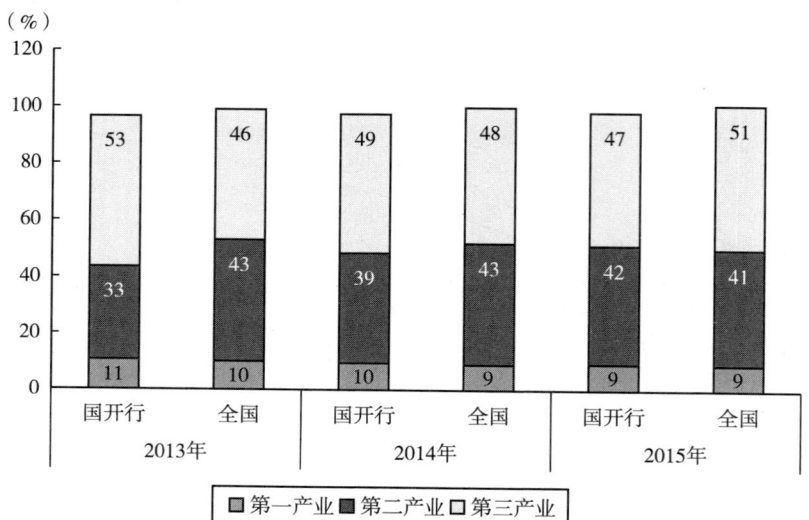

图 4 - 3　开发性金融三次产业贷款余额比例与全国三次产业结构对比

资料来源：国开行年报、国家统计局。

第二，开发性金融在三次产业中的资产结构与我国三次产业整体结构保持了高度的一致性，这说明开发性金融的实践目标是贯彻国家产业政策，促进产业升级。同时，这一事实也说明开发性金融的产业配置，切实起到了促进产业升级的作用。

三、"两基一支"是开发性金融资源产业配置的重中之重

（一）"两基一支"的特殊重要性

"两基一支"是我国产业发展的支撑力量。基础设施提供人流、物流和信息流通道，可以比作国民经济和产业运行的筋脉；以煤电油为代表的基础产业和基础原材料工业，供给能源和原材料，可以比作国民经济和产业运行的动力和血液；以机械、电子、汽车等制造产业为代表的支柱产业，能够为国民经济和产业运行提供必需的装备和设备，可以比作国民经济和产业运行的骨架。三者具有彼此协同、互相带动的作用，不宜偏废。基础设施建设为基础产业和城市化创造条件，带动支柱产业和服务业的投资和消费需求。支柱产业的发展能够提高基础设施和基础产业的科技水平、装备水平和信息化水平，减少进口依赖，提高生产效率。

从世界范围内看，美国、日本和欧洲部分国家在基础设施和基础工业基本建成之后，着力发展电子信息等高科技产业和高端制造业，使这些产业成为国家的

核心竞争力以及经济增长和国民收入的主要来源。相反，有些基础工业较发达的国家，如俄罗斯，由于忽视基础设施建设和支柱产业建设，导致国民经济内生动力不足，地区发展不平衡，高附加值产品严重依赖进口，从而导致国民经济结构失衡，在新的国际产业竞争格局中居于劣势，不得不通过建立开发性金融机构的措施进行"补课"，支持这些领域的发展，以摆脱受制于人的局面[①]。

经济增长理论认为，物质资本和技术是增长的基本要素[②]。其中基础设施是物质资本的组成部分，自然资源的开采和加工是基础产业的内容，而以制造业为主要内容的支柱产业则代表了一国的技术水平。因此，"两基一支"发展不是一个阶段性任务，这些产业作为一国经济增长的核心要素，必须要有长远的眼光来布局它们的发展。因此，"两基一支"产业对于我国产业升级具有特殊重要性，开发性金融机构的作用在支持"两基一支"具有不可替代性。

（二）结构性特征分析

1. 国开行在支持"两基一支"方面发挥了支柱性作用。

"两基一支"是开发性金融产业资源配置的优先领域。在国开行成立的前四年，就支持了全国八成以上的"两基一支"大型项目[③]。1998 年以后，国开行加大了基础设施的投入力度，以投资拉动经济增长，消化金融危机对我国的影响（见图 4 -4）。

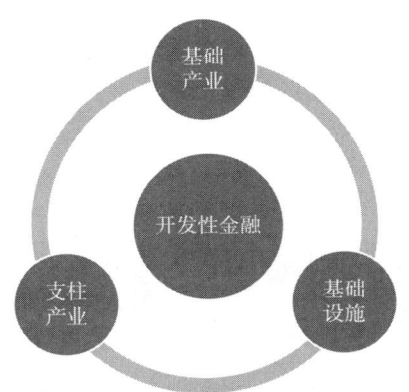

图 4 -4 开发性金融与"两基一支"

① 潘成龙：《解析俄罗斯开发与对外经济银行的建立与实践》，载《俄罗斯研究》2013 年第 4 期，第 135 页。
② ［美］戴维·N. 韦尔：《经济增长》，王劲峰等译，中国人民大学出版社 2011 年版。
③ 《国家开发银行史》编辑委员会：《国家开发银行史（1994 -2012）》，中国金融出版社 2013 年版，第 55 页。

2000 年，我国提出了"西部大开发"的战略，区域经济发展政策，带动了西部包括交通和城市公共基础设施的更新换代，之后实行的各项区域战略和区域政策，都带动了基础设施领域的投资需求。基础设施投入的增加创造了更多的投资和消费需求，国开行成为支持这些领域的主力军。

以下我们以铁路运输和电力两个行业为例，探讨开发性金融"两基一支"贷款在相关产业发展中的作用。

2. 开发性金融支持铁路运输行业。

铁路是我国重要的交通运输方式，开发性金融在支持我国铁路发展方面，发挥了绝对主力的作用。图 4-5 对比了 2008 年以来，国开行对交通基础设施领域的贷款年度新增余额变化情况和我国铁路年度固定资产投资年度累计额的变化情况。可以看出，两者的变化趋势保持了大致相似的走向，尤其是在 2011 年，国开行年度铁路建设贷款新增占到当年铁路贷款固定资产投入的 30%。按照一般项目贷款项目资本金与贷款的比例 3∶7 的标准，国开行在 2011 年当年对铁路行业贷款占到铁路建设融资额度的接近一半。近年来，我国高铁建设突飞猛进，成为我国的一张亮丽的产业"名片"。国开行在高铁建设融资方面，发挥了主力融资行的作用。党的"十二五"时期，开发银行支持铁路建设里程 2.56 万公里，占全国营业里程的84.29%，其中支持高铁建设里程 1.43 万公里，占高铁营业里程的 75.29%[①]。

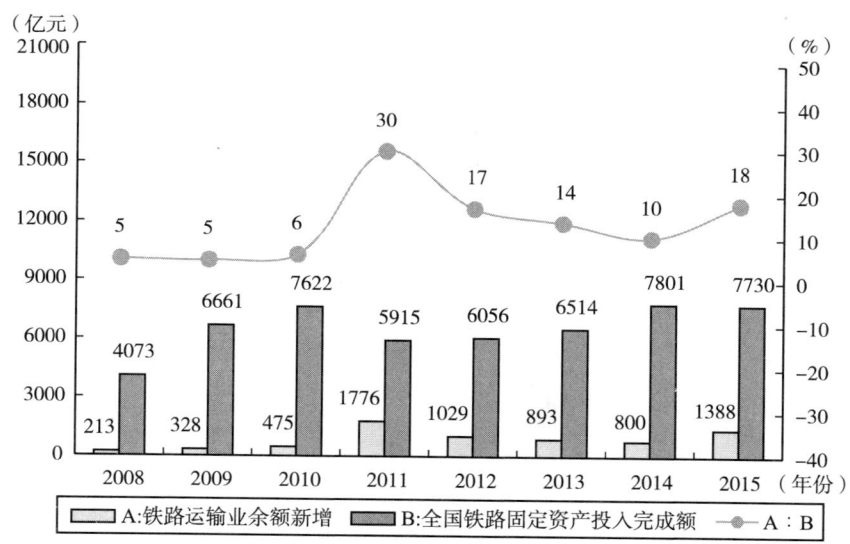

图 4-5 开发性金融支持铁路运输业情况

资料来源：2008~2015 年国开行年报、Wind。

---

① 国家开发银行：《国家开发银行年报（2015）》，第 38 页。

3. 开发性金融支持电力行业发展。

电力行业是我国工业的重要组成部分，在 20 世纪八九十年代，缺电现象一度成为经济发展的瓶颈。在国家产业政策的引导和国开行等金融机构的支持下，我国电力相关行业发展迅速，迄今已形成火、水、风、核、光五大类组成的多元化、高效率的电力能源供应体系。开发性金融在支持我国电力相关行业发展方面发挥了关键作用。从图 4-6 可以看出，国开行电力相关行业贷款余额持续增长，其中 2011 年国开行新增电力行业贷款一度占到全国电力相关行业固定资产年度累计投资的 10.9%。不仅如此，我们对国开行相关融资部门的调研形成的案例资料表明，开发性金融在我国电力行业发展的最困难时期，加大了对该行业的投入力度，起到了开发性金融的逆周期调节作用（见案例 4-1）。

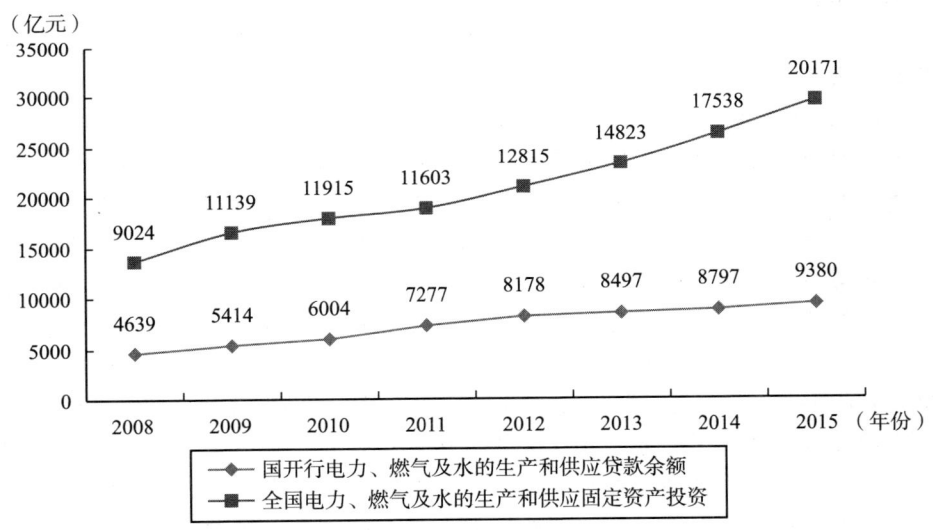

图 4-6 开发性金融支持电力等相关行业情况

资料来源：2008~2015 年国开行年报、Wind。

案例 4-1 金融危机后开发性金融支持电力行业

1. 金融危机后五大发电企业面临的问题与困难

2008 年金融危机造成煤炭等全球大宗商品价格整体下行。为了应对危机，我国采取了大规模的经济刺激措施，逆周期的投资增加，使面临下行压力的资源价格迅速回调上扬，煤炭价格飙升尤为明显。煤炭价格的上涨对处在价格管控下的发电企业造成巨大的成本压力，全国煤炭等能源价格大幅上涨，其中五大发电集团的发电标煤单价由442元/吨升至619元/吨。为减小电价缺口，降低企业经营压力，在确保国民经济平稳运行的前提下，国家两次微调电价，上网电价平均提价4.14分/千瓦时，但电价调整所得收益远远不能抵补煤价大幅上涨带来的高额成本，五大发电集团2008年火电共亏损472亿元。2009年，煤价虽然回落至576元/吨，但仍高位运行，为保证支柱产业运行和国民经济稳定，在煤电价格联动未启动的情况下，企业通过优化结构，节能挖潜，使得经营压力得到部分缓解。2010年上半年，由于发电标煤单价迅速上涨了80元/吨，而电价受CPI指数上升压力的影响未做调整，使电价缺口进一步加大，五大发电集团2010年上半年共亏损50亿元。由于中西部地区是我国能源富集区域，上网电价一直较低，近年来能源价格大幅上涨，而电价上涨幅度较小，因此中西部地区部分火电项目亏损严重，经营压力较大。

2. 国开行对情况的判断和采取的支持措施

面对五大电力集团面临的困难局面，国开行认为，电力行业的稳步发展是国民经济平稳发展的重要保障，电力行业目前的困难只是暂时性的、政策性的，开发银行要继续加大对电力行业信贷支持的政策不变。在资金形势偏紧，电力行业困境没有实质性改观的情况下，对电力行业的支持政策和支持力度保持不变。为此，国开行加大了对电力企业和项目的信贷支持力度。自2008年以来，国开行总行各部门和分行上下形成共识，加强业务联动，加大对电力尤其是火电部分项目的信贷倾斜力度。以国电为例，据统计，2008~2011年，国开行累计向国电集团发放贷款770亿元，有利支持了国电集团一批重点项目和运营资金的链条不断，为国电集团的发展"保驾护航"。开发银行维持了原有的应用等级，对贷款结构、期限等方面进行了重组，帮助企业渡过了难关。2011年底，国开行共发放电力行业贷款余额6300亿元，其中当年新增1234亿元，占当年全国电力行业固定资产投资累计额的11%。

（资料来源：笔者调研。）

评析：

（1）在我国，市场机制和政府调控的相互配合，是我国经济资源配置机制的基本特征。在市场机制下，经济主体对于价格具有高度的灵敏性，特别是一些放开价格管制的领域尤为明显。同时，政府调控机制下，往往对于一些关系国计民生的领域实行一定的价格指导和管控，如电力领域。上游价格放开，下游价格管控，往往导致下游企业成本高企，经营遇到困难，从而导致行业性周期的出现。行业经营的周期性困难时，以利润最大化为目标的商业性金融机构，往往出于自保的考虑，采取限贷和抽贷的做法，造成釜底抽薪的效果，使行业发展面临雪上加霜的局面。

（2）开发性金融作为政府的金融工具，能够通过主动的信贷调节，对于关乎国计民生的行业，提供信贷支撑，支持行业可持续发展、平抑经济周期和行业周期。开发性金融的逆周期调节作用，正是体现在开发性金融对面临周期性困难的战略性行业的逆势支持作用上。

（3）当然，开发性金融对处于周期困难的行业的支持和逆周期作用，是建立在不违背国家产业政策和导向的前提之上的。2014年我国经济出现新常态特征，产能过剩是经济面临的难题之一。开发性金融对于因产能过剩而陷入困境的行业和企业，则应当采取审慎的态度，通过对过剩产品生产进行信贷紧缩，配合国家的"去产能"政策。同时，对于过剩产品的信贷紧缩，并不意味着对于行业和企业的全面的信贷紧缩。开发性金融在产能过剩的情况下，应该积极支持战略性产业的转型和升级，这也是开发性金融发挥逆周期调节作用的重要方面。

4. "两基一支"领域信贷资源配置的结构。

开发性金融在"两基一支"领域的资源配置，并不是平均用力的，而是呈现出结构性变化的特点。我们汇总了2005~2015年这11年来国开行"两基一支"领域主要行业信贷余额的占比情况，以此考察开发性金融在这一领域资源配置的结构和特点（见图4-7）。

分析图4-7，可以看出开发性金融在"两基一支"领域的资源配置具有以下特点。

（1）在"两基一支"领域资源配置中，对基础设施，包括公路、铁路、公共基础设施的投入占比较大，反映出开发性金融把支持基础设施建设作为最优先支持的行业。基础设施贷款余额中，公共基础设施的投入最大，反映出开发性金融把支持城市化建设作为重要的业务方向。2009年以后，在余额增长的情况下，公共基础设施在"两基一支"贷款中，虽然余额持续增加，但占比呈下降趋势，与我国规范地方债务和融资平台管理相关政策有较大关系。此外，开发性金融加大了棚户区改造和扶贫金融的力度，对公共基础设施产生了一定的余额替代效应。

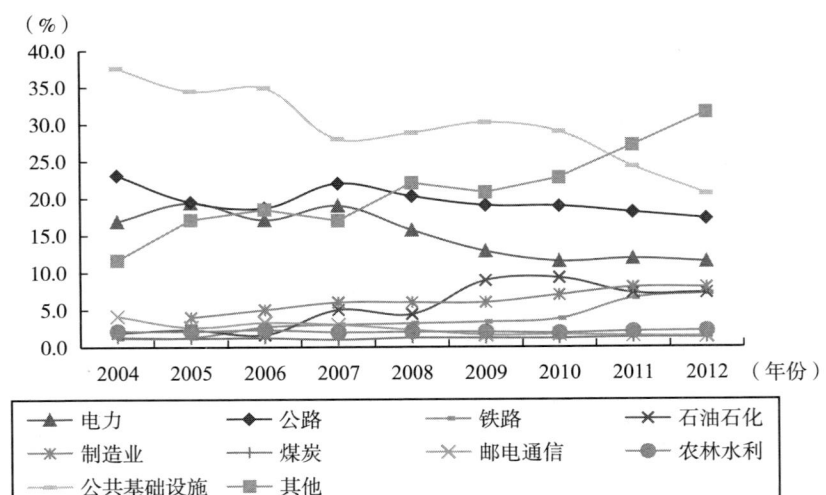

行业名称	2004年	2005年	2006年	2007年	2008年	2009年	2010年	2011年	2012年	2013年	2014年
电力	16.9%	19.4%	17.1%	19.0%	15.7%	12.9%	11.5%	11.9%	11.4%	10.9%	10.1%
公路	23.1%	19.5%	18.7%	22.0%	20.3%	19.0%	18.9%	18.1%	17.2%	18.1%	18.1%
铁路	1.2%	1.3%	2.7%	3.0%	3.2%	3.4%	3.8%	6.5%	7.2%	7.9%	8.1%
石油石化	1.9%	2.3%	1.7%	5.0%	4.4%	8.9%	9.3%	7.2%	7.3%	7.0%	6.8%
制造业		4.0%	5.0%	6.0%	6.0%	6.0%	7.0%	8.0%	8.0%	7.0%	8.0%
煤炭	1.3%	1.2%	1.2%	1.0%	1.2%	1.2%	1.2%	1.3%	1.3%	1.5%	1.4%
邮电通信	4.2%	2.7%	3.3%	3.0%	2.3%	1.6%	1.7%	1.5%	1.4%	1.3%	1.0%
农林水利	2.2%	2.1%	2.3%	2.0%	2.0%	2.0%	1.9%	2.1%	2.2%	2.8%	3.1%
公共基础设施	37.6%	34.5%	34.9%	28.0%	28.8%	30.2%	29.0%	24.3%	20.6%	19.3%	17.0%
其他	11.7%	17.1%	18.5%	17.0%	22.1%	20.8%	22.8%	27.1%	31.5%	31.2%	34.4%

图 4 – 7　国开行各行业贷款余额历年占比情况

资料来源：综合国开行 2004～2014 年年报数据。

在邮电基础设施方面，占比整体呈较为明显的下降趋势。这一趋势比较明显地体现出开发性金融支持邮电通信行业由小到大，做大做强的特征。经过多年的发展，随着需求的增加和市场的拓展，我国的三大电信运营商已经做大做强，经营活动现金流充足，对于外源性长期资本性融资的需求逐渐减弱。此外，随着电信市场的发展，可以得到商业性金融机构和金融市场上的融资，开发性金融对于这一领域的资源配置比例也趋于减少。这在一定程度上反映了开发性金融对于行业的孵化作用，为市场发展和商业性金融发挥作用创造了空间。

（2）在支持我国的基础产业方面，国开行电力行业贷款占比最高，年度平均占比 14.2%。2007 年以后，电力行业贷款在余额上升的前提下，占比总体呈下降趋势，反映出开发性金融随着经济形势变化，以及经济新常态下供给侧结构性改革"去产能"的要求，主动降低产能过剩领域里的信贷资源配置，调整信贷资产结构。

（3）石油石化行业贷款余额在 2004 年占比仅为 1.9%，后来呈现逐步上升趋势，并在 2009 年、2010 年达到最高后走向稳定，反映出国开行针对我国资源短缺的现实，加大了对该行业的支持力度。2009 年石油石化贷款占比陡然增加，与国开行为支持中国海外能源战略，为中俄石油贸易提供了 250 亿美元的大额贷款等因素有关。

（4）在支柱产业方面，近几年制造业贷款余额比例比较平稳，整体上低于基础设施和基础产业。与其他商业银行相比，国开行在制造业中贷款比例偏低（见图 4 - 8）。

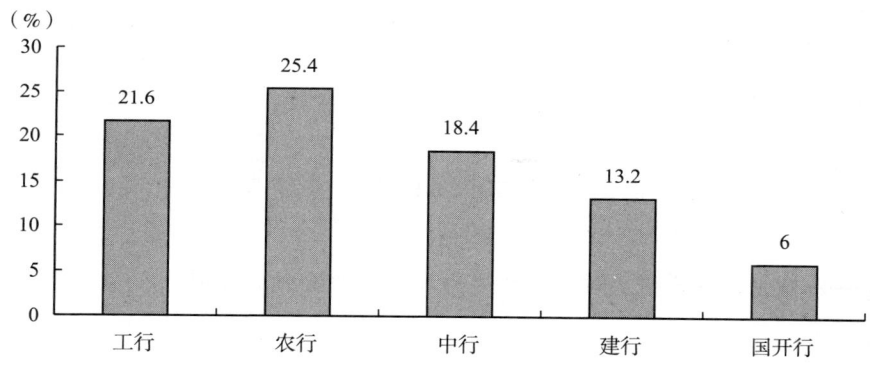

图 4 - 8　国开行与各大行制造业贷款余额占比情况对比

资料来源：各大行 2015 年年报。

第三节　进一步优化开发性金融资源产业配置

一、开发性金融资源产业配置的分析结论

结合前两节的分析，我们得出以下结论：

第一，支持产业发展与升级，是开发性金融的基本使命。开发性金融支持产业升级，对增强我国在全球范围内的产业竞争力，具有不可替代的作用。

第二，从开发性金融资源产业配置的三条主线来看，"两基一支"领域的配置优先于民生相关产业领域的配置，二者的绝对比例保持着较大的差距，反映出我国的工业化和城市化任务尚未完成，在"两基一支"方面仍然需要较大的投入。另外，二者的占比差距，从 2004 年开始有收窄的趋势，这或在一定程度上反映了我国开发性金融机构，向着发达开发性金融机构发展的一般规律靠拢的趋势：即随着基础设施及基础产业投资需求的逐渐饱和，开发性金融机构逐渐转向新兴行业、社会民生等新领域[1]。也反映出开发性金融机构在资源配置的效率和公平方面，更加趋于实现二者的平衡。

第三，从开发性金融在三次产业配置结构来看，开发性金融在三次产业中的资产余额占比与我国三次产业增加值占比保持了较高的一致性，这在一定程度上反映了开发性金融致力于国家产业政策和金融政策的平衡，以此达到促进国家产业升级的作用。

第四，从开发性金融产业资源配置的重点——"两基一支"领域来看，基础设施和基础产业的占比较大幅度超出制造业的占比。城市公共基础设施建设，对于土地升值具有拉动作用，土地升值给地方政府带来可观的土地出让收益，因而一般有较强的政府信用支持，对于开发性金融机构来说，相对容易控制信贷风险。

二、优化开发性金融资源产业配置的若干建议

（一）结合国家产业政策，优化开发性金融资源产业配置

尽管围绕市场经济条件下，国家产业政策是否有存在的必要在学界尚有争议，但实践表明，我国处在发展中国家的赶超阶段，产业政策不可或缺[2]。2016 年，《国民经济和社会发展十三五规划》提出了新一轮产业升级和调整目标：包括推进农业现代化，实施制造强国战略，加快服务业发展等方面。这些目标，既是近中期的目标，也反映了我国产业发展和升级的长期趋势。开发性金融作为政府政策的工具，也是产业政策的工具，在实践中应该动态把握国家产业政策的要求和方向，结合"十三五"产业升级目标，不断调整和优化产业的资源配置。

（二）加大开发性金融资源在制造业的配置力度

从以上的分析中我们看到，开发性金融在"两基一支"领域的配置情况是基础设施占比较高，基础产业和支柱产业占比相对较少。尤其是制造业，在国开行信贷余额占比中，虽然保持了一定余额，但占比相对较小，在与各大商业银行相比时，也比较小。

---

① 益言：《开发性金融机构发展历程及面临挑战》，载《金融发展评论》2016 年第 7 期，第 21 页。
② 徐永定：《发展经济学的重构——评林毅夫〈新结构经济学〉》，载《经济学（季刊）》2013 年第 12 卷第 3 期。

不可否认，"两基一支"产业对于我国产业升级、城市化和工业化具有特殊重要性，与此同时，应该看到，基础设施建设更多的是带来一定时期内的经济拉动效应，并不能根本性解决一国长远发展的竞争力问题。从世界范围内来看，美国提出了"再工业化"的目标，德国推出工业 4.0 计划，推动制造业的创新发展成为焦点。以信息技术为基础的智能制造、绿色制造成为各国争相竞争的领域。尤其是国际金融危机后，发达国家启动以制造业振兴为重点的"再工业化"进程。其他发展中国家以较低的人力和资源成本和我国竞争，对我国制造业的订单进行分食。我国的制造业面临高端被占领和中低端领域被蚕食两个方面挑战。未来，中国制造业要想突破这个瓶颈，就必须进行提质增效，实现由大变强。制造业的转型升级需要大额中长期资金支持，商业性金融以短期资金为主，且厌恶风险，在这种情况下，开发性金融机构应加大对制造业的支持力度。

（三）加大开发性金融对战略性新兴产业的资源配置

在经济的长期发展中，技术和知识能发挥长期带动作用。在"十三五"期间，战略性新兴产业投资总需求超过 40 万亿元。国开行在支持战略性新兴产业方面取得一定成绩，但与实际的融资需求相比，目前的规模还远远不够。需要调整"两基一支"产业领域的资产配置结构，适当向战略性新兴产业倾斜。

以上我们给出了一些优化开发性金融资源产业配置的建议。当然，受制于资产总量和信贷规模的控制，要求开发性金融机构面面俱到，"包打天下"，在所有领域都能发挥主导作用，是不现实的。但是开发性金融机构有义务发挥引领作用，通过银团贷款等形式，引导社会融资更加有效地支持我国当前产业发展方面的薄弱环节，为国家的产业升级做出更大贡献。

第五章

开发性金融资源区域配置

第一节　资源区域配置是开发性金融使命的深化

"区域"是一个内涵复杂的概念，文化、地理和经济意义上的内涵各异但彼此联系。区域最初是地理上的意义，文化意义上的区域往往与历史、宗教、政治紧密相关，经济意义上的区域最为多元和交叉。在世界范围内，利用地理、文化意义上的区域空间共性，拓展经济联系，结成经济和发展共同体，建立一体化的机制是现代经济特点之一。在我国，在尊重区域地理、文化属性和特征的基础上，促进区域经济增长和可持续发展，进而实现全国各区域的协调发展是区域战略和政策的基本目标。开发性金融作为国家宏观调控的金融工具，在研究和尊重区域发展规律的基础上，配合国家区域政策，实现区域的协调发展，是其资源区域配置的基本价值取向。从世界范围来看，开发性金融资源的区域配置，也是发展中国家开发性金融机构的重要使命，因为它们常常面对区域经济不平衡的问题。如俄罗斯开发银行、巴西国家开发银行、南部非洲开发银行都把支持区域发展作为主要的业务方向之一[①]。

一、我国区域发展不平衡的原因考察：政府与市场的视角

如前所述，不论从世界范围内还是我国的开发性金融机构，成立之初的基本使命都在于融资支持国家的产业发展与升级，按照产业配置资源是开发性金融的资源配置的基本出发点。其原因在于，对于像我国这样的发展中国家，产业壮大是经济发展起步阶段首要考虑的问题。同时，产业的发展离不开一定的自然地理

---

① 益言：《开发性金融机构发展历程及面临挑战》，载《金融发展》2016 年第 7 期，第 23 页。

条件和要素禀赋条件，而自然地理条件和要素禀赋条件具有区域性的特征。因此，产业的区域布局至关重要。正如阿尔伯特·赫希曼不平衡增长理论所主张，发展中国家应当集中有限的资本和资源首先发展部分产业，通过优势产业带动整体产业发展。区域的同样，在区域布局上，应该以工业基础好、交通便利、人力资源集中的地区为优先发展地区。弗郎索瓦·佩鲁（1955）也指出，发展中国家应该优先发展部分主导产业的聚集区，形成"发展极"，并以此辐射带动各区域的整体发展。

虽然没有证据表明我国的产业和区域发展战略在多大程度上受到赫希曼和佩鲁的不平衡发展理论的影响，但是我国的区域发展战略事实上带有这一理论所描述的特征。1978 年以后，我国采取的就是典型的非均衡式区域发展战略。在邓小平有关"让一部分人先富起来，先富带动后富，最终实现共同富裕"的思想指导下，我国的经济重心开始东移，东部地区成为经济发展的优先地区。"六五"计划在区域经济发展战略中，划分出沿海与内地两大部分，提出要利用沿海优势，带动内地发展。"七五"计划第一次把区域经济发展划分为三大地带，提出加快沿海发展，由中西部提供能源、原材料供应。1988 年国家正式提出"沿海地区经济优先发展战略"，形成了经济特区、开放城市和经济技术开发区等不同层次和功能的发展结构，同时国家经济政策进一步向东部倾斜。

我国东部地区率先发展战略实施的时期，也是市场经济体制逐步确立的时期。在市场机制的作用下，东西部资本、劳动力等要素流动渐趋活跃。要素的流动具有双重效应，一方面，在一定程度上带动了西部地区的基础工业，尤其是原材料工业的发展，以及西部劳动力向东部的转移，带动了西部的增长和居民收入增加；另一方面，由于东部地区吸收了过多的资源，西部地区发展陷入发展资源和内生动力不足的境地，地区的发展差距拉大。根据缪尔达尔的"循环累积因果论"，在市场机制的作用下，不同发达程度地区间的要素流动规律是，劳动力和资本都有向发达地区流动的倾向。由于这一回流效应总是大于发达地区向落后地区的投资的扩散效应，地区差距也呈现不断放大的趋势。

因此，我国区域发展的不平衡，是自然地理因素、政策倾斜因素和市场机制等因素多重作用的结果。不解决区域发展不平衡的问题，东西部的差距将越来越大。国家整体产业升级也将面临更大的压力：东部地区将不得不通过发展更多的劳动密集型产业吸纳西部更多的劳动力，发展方式转变和产业转型升级将无从谈起。

二、区域协调发展面临的资源"短缺"的困境

既然东西部区域发展不平衡是政府政策和市场机制两种力量作用和影响的结

果。解决这一问题，基本的逻辑是从政府和市场两个方面发力。从政策层面，意味着国家通过制定西部大开发战略和东北老工业基地振兴战略，并配套相应政策，通过直接和间接方式把经济资源向落后地区配置和倾斜；从市场层面，充分发挥市场对各类要素资源配置的基础性作用，增强落后地区的发展动力与活力。不论是国家政策支持还是市场机制，解决西部地区发展的根本问题仍然是资金和资本的投入问题。但是实现西部和东北跨越式发展需要的长期、巨额的投入，无论是财政资金还是市场资本，都无法从根本上满足这一需要。

首先，西部地区的自然地理禀赋条件，决定了西部大开发是一项艰巨的任务。我国西部地区自然地理条件复杂，多高原和山地，基础设施和基础工业的建设成本远远高出东部平原地区，加上西部地广人稀，基础设施的投入，依靠市场机制回收成本的可能性较小，需要调动和配置巨大的人力、财力和物力资源。

其次，我国财政进行大规模投入的能力有限。在我国东部地区的城市化和工业化进程尚未完成，财政积累有限的情况下，单纯依靠东部的支援和中央财政的投入，实现西部大发展和中部崛起，显然是不够的。中西部地区由于长期处于欠发达状态，地方政府财政能力更是极其有限，无法解决大规模基础建设所需要的巨额资金。

最后，商业性金融机构投入西部大开发的实力不够，动力不足。由于我国商业银行在2000年初刚刚摆脱20世纪90年代中期的经营困难，走出坏账泥潭步入正轨，不可能调动大量的资金和资源投入中西部建设，商业银行的经营目标优先考虑自身经营业绩，也没有动力去为西部大开发配置资金。由于地方居民收入不高，储蓄率不足，西部金融机构的实力也非常有限。西部大开发初期，我国的商业资本尤其是民营资本并不具备大规模投资西部大开发建设项目的动力和实力。我国实行社会主义市场经济体制，政府对于经济具有宏观调控的职能，不可能也不允许像美国19世纪以来的西部开发战略一样，走上进行私人企业"掘金"式的无序开发的道路。

因此，我国的区域协调发展战略，包括西部大开发战略，面临的是政府资源不足和"市场失灵"的双重问题，即国家预算实力有限，商业金融实力不够，动力不足，私人资本缺乏投资意愿。

三、开发性金融资源区域配置资源的优势

区域协调发展所需资源的"先天不足"，要求有更加有效的资源配置主体和融资主体。而这一历史性任务，需要由开发性金融机构来承担。

第一，开发性金融机构具有工具性和开发性的本质属性，必然要求其在区域

战略和区域政策中发挥作用。全国各区域的协调发展，是具有全局性、系统性、复杂性和长远性的问题，从内容上涉及产业、社会、生态、文化和金融资源的整合与配置。从实施主体上涉及政府、企业、金融机构、社会组织以及居民的一致行动，任何单个主体都不可能独立胜任，开发性金融机构同样如此。但开发性金融有双重属性，它既是政府的工具，也是市场的主体；一方面连接政府信用，另一方面连接企业、金融和社会信用。因此，开发性金融业务具有某种程度上的"穿透性"，能够系统性地动员和配置政府、企业、社会和金融机构的资源，在区域协调发展中发挥建设性作用。

第二，开发性金融具有长期大额的金融资源供给能力。开发性金融机构具有债券银行功能，有着强大的筹资能力，能为区域协调发展提供规模大、期限长的信用供给。如在开始支持国家西部大开发战略的 2001 年，国开行成功推出了 10 年、20 年、30 年固定计息的长期债券，其中 20 年和 30 年期限债券发行额度分别为 100 亿元和 50 亿元，开创了截至 2001 年我国银行间债券市场期限和额度的双纪录。而在 2000 年以前，国开行发行债券的期限最长不超过 5 年[①]。国开行筹集长期资金的能力与进出口银行和农业发展银行等专门性政策银行相比，具有比较明显的优势。一个简单的对比是：以 2011 年为例，当年国开行共发行了 2 只 30 年期限的金融债券，而同年其他两家政策性银行发行债券最长不超过 7 年[②]。

第三，开发性金融具有上连中央财政，下接地方财政的纽带作用和平衡作用。表现在对于跨区域的基础设施和重点项目，开发性金融的融资资金可以与中央财政资金和各类专项建设资金配套，实现项目建设的融资平衡。如国开行在支持全国铁路网建设融资中，与原铁道部即现在的中国铁路总公司合作，截至 2014 年末配套贷款资金超过铁路总公司全部贷款的 1/3，支持铁路建设里程超过全国铁路总里程的 50%[③]。在地方财政方面，国开行通过地方政府的融资平台，配套大额建设资金，实现融资平衡。不仅如此，国开行针对地方财政资本金投入不足的问题，独创了项目建设的"软贷款"模式。如 2005 年国开行向辽宁省政府各融资平台提供了期限 25 年、额度 500 亿元的软贷款，对辽宁老工业基地转型升级提供了有力支持。据统计，截至 2009 年，国开行累计发放的约 4500 亿元软贷款中，有 60% 的资金投向了西部和东北地区[④]。

第四，开发性金融能够引导和动员其他资源投入重点发展的地区。开发性金

①　《国家开发银行史》编辑委员会：《国家开发银行史（1994－2012）》，中国金融出版社 2013 年版，第 332～333 页。

②　张思思：《政策性金融机构中长期债券融资问题研究》，中国地质大学博士论文，2015 年。

③　《国开行担当铁路融资"火车头"》，载《人民政报》2015 年 3 月 9 日第 8 版。

④　《国家开发银行史》编辑委员会：《国家开发银行史（1994－2012）》，中国金融出版社 2013 年版，第 232 页。

融机构的投融资方向体现国家政策的重点和方向，因而对于社会资本具有指引作用。开发性金融机构定位为"专家银行"，具有专业化的项目评审能力，业务发展建立在良好评审、运营和风控机制上，实现了良好的经营业绩，截至 2015 年底，国开行的不良贷款率为 0.81%①，较大幅度低于银行业 1.94% 的不良贷款率②。这些都能够增加商业银行跟进融资的信心。更为重要的是，国开行通过融资支持基础项目建设，能够为社会资本的进入创造必备的基础设施条件和市场环境，从而起到了动员社会资本参与区域建设的作用。

综上所述，开发性金融资源的区域配置，出自我国区域协调发展战略与政策的需要，也来自我国区域发展对于大额中长期信贷资金的需求。开发性金融具有工具性、开发性、长期性、供给性和平衡性特点，能够在国家区域协调发展中发挥主力作用。

第二节　开发性金融资源区域配置：目标、结构与特点

一、开发性金融资源区域配置的三个层次目标

开发性金融既是国家政策的工具，又是一种能动的金融形态，其理论和实践都有着主动适应我国现实国情和国家政策变化，不断进行自我更新和自我调整的特点。我国区域发展政策，大致分为三个阶段：一是侧重追求区域经济增长的阶段；二是强调区域可持续发展的阶段；三是党的十八大以来明确提出的区域协调发展的阶段。开发性金融资源的区域配置，也要适应我国区域发展战略的发展，把区域经济增长、可持续发展和协调发展，作为三个层次的目标，调整资源配置的重点，为我国经济社会发展提供永续支持（见图 5 - 1）。

区域协调
发展

区域可持
续发展

区域经济
增长

图 5 - 1　开发性金融资源区域配置三个层次的目标

---

① 《国家开发银行年报（2015）》，第 7 页。
② 中国人民银行金融稳定分析小组：《中国金融稳定报告（2016）》，中国金融出版社 2016 年版，第 38 页。

（一）开发性金融对区域经济增长的作用

经济增长理论认为，经济增长的要素包括三个方面：要素积累、生产率相关的技术要素以及包括政府在内的基础要素[①]。开发性金融对于区域经济增长的支持路径，有着不同于其他金融形态的特点。首先，开发性金融在区域发展的主导产业和固定资产投向选择上，具有较大的自主权，因此能够影响要素积累的结构和方向。其次，开发性金融可以通过专项支持政府、企业的技术研发和创新活动，来提高生产率。最后，也是最重要的，开发性金融对于区域增长的关键性作用，主要体现在对政府效率的改进上。

1. 要素积累。

从物质资本的要素积累方面看，开发性金融对区域增长的支持，主要通过支持"两基一支"产业，尤其是基础设施来完成的。鉴于基础设施在资本形成和积累中的先决性作用和对经济增长明显的拉动作用，过去和今后一段时期，支持区域基础设施建设，是开发性金融支持区域发展的重点之一。

如在西部大开发中，国开行首要的支持领域是交通基础设施，支持了青海至西藏铁路等大型跨省区和省内交通基础设施项目以及40多个西部机场项目，极大地改善了区域内及区域间的交通状况。2000～2012年，国开行向西部地区公路贷款余额3668亿元，占全行公路贷款余额的33.7%，高于向东部地区公路贷款投入比例；向西部铁路项目承诺的贷款6307亿元，占全行铁路行业承诺的贷款额的32.8%[②]。能源基础设施领域方面，国开行支持了总投资分别为5000亿元和1400亿元的西电东输和西气东送项目两项西部大开发的标志性工程。

2. 促进科技创新。

开发性金融为区域的科技研发和创新提供融资支持，主要有三种形式。第一种方式是为各类高新技术园区的建设提供资金支持，打造区域技术创新中心，改善整体创新环境。如在天津滨海新区建设中，截至2012年底，国开行在滨海新区建设项目贷款余额344亿元，支持了基础设施建设、土地收购整理、小城镇建设、轨道交通建设等项目。这些项目的实施，增强了滨海新区的城市承载功能，提高了滨海新区的整体形象，改善了投资环境，带动了区域经济增长。在湖北，为东湖经济技术开发区的建设以及区内高新技术企业提供全方位的融资，助力东湖开发区建设成为我国的"光谷"。第二种方式是直接扶持战略性新兴产业和科技创新企业，提高经济增长的内生动力。一批这一领域的代表性企业，如中兴、

---

① ［美］戴维·韦尔：《经济增长》，王劲峰等译，中国人民大学出版社2011年版。
② 《国家开发银行史》编辑委员会：《国家开发银行史（1994－2012）》，中国金融出版社2013年版，第222页。

华为通信设备公司、比亚迪汽车、京东方科技等都是在开发性金融支持下成长壮大的。第三种方式是通过"技术援助贷款""规划贷款"等模式,支持政府融资平台和企业的技术研发和战略研发。

3. 促进政府效率改进。

社会主义市场经济的制度环境,决定了我国地方政府不仅具有行政管理职能,还具有主导经济发展的职能,增长速度长期以来都是地方各级政府的主要业绩考核指标,因此区域生产总值的增长,是地方政府追求的主要目标之一。"地方分权式威权制"(许成钢,2014),造成的地区竞争成为中国过去三十年改革和经济快速增长的推动力量[①]。地方政府具有推动经济跨越式增长的需求,开发性金融内含跨越式的经济发展观,二者具有内在的契合性,因而其二者的结合具有必然性。但开发性金融是在扬弃传统政策性金融"行政性""财政式"的融资模式基础上发展起来的,它吸收了现代市场经济的精髓,即效率原则,在融资过程中,不是盲目地服从政府的目标和冲动,而是把政府的信用和行为纳入市场框架,使之满足市场效率原则。因此对地方政府管理和发展经济的效率具有积极的改进作用。

(1)开发性金融在平衡地方财权与事权不匹配方面发挥积极作用。20世纪90年代中期我国分税制改革以后,"财权上收、事权下移",地方政府为发展经济,提供公共产品,满足财政开支需要,以及应对考核需要,对于外源性融资的需求增大。首先,发展基础设施是地方政府的"事权"之一,是地方经济发展的重要内容。开发性金融机构通过总部发行期限较长的金融债券获得资金来源,本质上是中央资金,不是地方资金,实质上起到了中央通过信用方式支持地方发展的作用。因此,开发性金融为地方建设提供融资,实际上弥补了我国中央财政转移支付能力有限的不足,是一种符合我国实际需要的融资形式。其次,开发性金融机构通过发债筹集信贷资金,资金的最终来源是居民的储蓄,由于东部地区居民收入较高,因而储蓄率也较高,东部居民的高储蓄转化为在商业银行的存款,而商业银行存款资金的一部分用于配置开发性金融机构的债券。因此,开发性金融对于资金资源的配置,实际上是社会储蓄的再分配和再利用。向西部等落后地区的资金倾斜,实际上是一种社会储蓄资源再平衡的过程。因此,开发性金融对于中西部地区来说,更是当地政府亟须的资源。最后,开发性金融的长周期资金,能够满足地方对于中长期资金的需要,有利于在发展中防控风险。

为了分析开发性金融对区域生产总值的贡献,我们截取了开发性金融支持力度明显大于商业银行的中西部及东北的20个省区2011~2014年的数据,就上述

---

① [日]青木昌彦、吴敬琏编:《中国经济新转型》,译林出版社2014年版,第273页。

地区的地区生产总值与国开行贷款资产存量的关系加以考察。

$$GDP_{i,t} = \alpha CDBF_{i,t} + D\ (R)_i + c$$

其中，$CDBF_{i,t}$代表某省某年度开行贷款余额，另外，考虑到省区间的差异性，我们增加了区别区域个体的固定效应，即$D(R)_i$。结果显示，$\alpha = 6.28$，且具有高显著性，且上述回归具有高拟合度，$R^2 = 98.9\%$（见图5－2）。

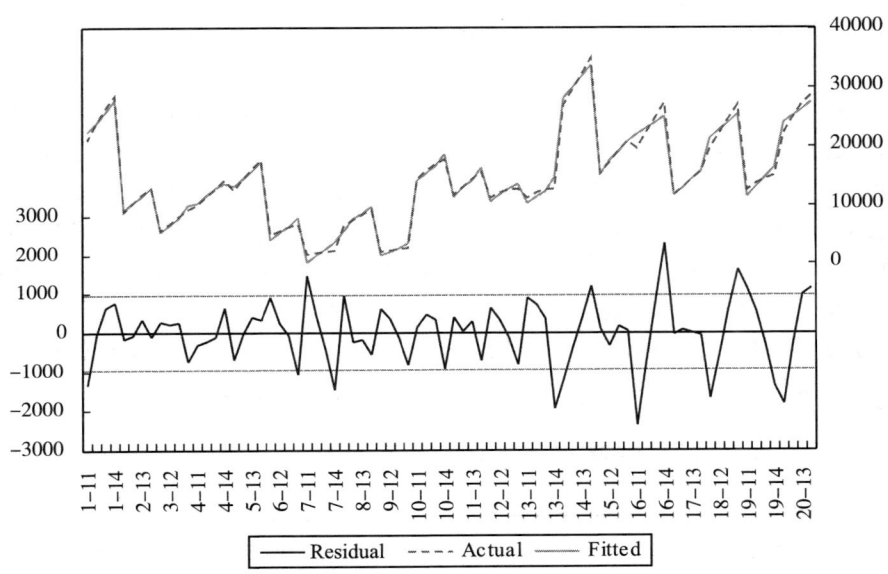

图5－2　开发性金融区域经济拉动效应回归模型拟合度分析结果

类似地，假设地方性融资主要来源于当地居民的存款，将其与该省区地区生产总值做一回归分析，结果显示，$\alpha = 0.66$，$R^2 = 97.6\%$。由此可得，地方性融资支持对地区生产总值的拉动效应明显低于开发性金融的支持。

（2）开发性金融与地方共建的融资平台具有产权激励效应。我国经济领域的改革目标是建立市场起决定性作用的资源配置机制。市场起决定性作用，需要内部和外部条件的保障。内部条件要求市场主体的产权明确，外部条件是完善的市场交易规则。以公有制为主体多种形式并存的所有制形式，是我国的基本经济制度。如何在公有制为主体的框架内，改进公有制经济资源配置的效率，减少政企不分对资源配置效率的影响，需要更好发挥政府作用，采取既能发挥政府对经济管理的主导作用，又不影响效率的、权责利清晰的产权模式。只有建立权责利清晰的经济运行单位，才能满足金融支持的需要。因为金融的本质是利用信用的责权利约束机制进行资源配置的生产力形式。开发性金融与地方政府共建的基础设施融资平台，是按照现代公司治理方式运行的市场主体，能够集约化使用开发性金融提供的信贷资金，按照市场原则偿还本金，解决了"政府主导型"地方经济发展模式下的产权缺位问题。李曦光（2015）的研究表明，开行中长期贷款占各省市金融机构贷款的比例提高 1 个百分点，各省市人均经济增长率提高 0.05 个百分点①。

开发性金融支持地方的经济增长，需要避免助长地方政府片面追求增长率所带来的负面影响。我国地方政府追求地区生产总值的增长，一方面给区域发展创造了动力和物质资本的积累，另一方面，地区生产总值长期高速增长也面临着经济新常态下不可持续的问题。地方政府基础设施投资和城镇化建设终究会有一个极限问题，当前阶段出现二三线楼市的"去库存"压力，甚至一些地方出现的"鬼城"现象已经预示着这个极限必将到来。我们也注意到，在传统城市化模式出现困境的情况下，地方特色小镇成为新型城镇化的方向，开发性金融机构成为特色小镇的融资主力。特色小镇建设的热潮在我国刚刚兴起，其带动经济增长的效应还没有完全显现，但是值得注意的是：开发性金融在支持特色小镇建设时，应该充分做好规划，考虑区域的可持续和这一模式的可持续，避免出现传统城市化的"变体"，侵占生态和农地，给区域的可持续发展造成压力。

（二）开发性金融对区域可持续发展的作用

经济增长更强调资源配置的效率，而经济发展更强调资源配置的效益，即效率与公平的平衡。自 20 世纪 80 年代起，可持续发展的理念在全球范围内开始深入人心，并成为各国追求的目标。可持续发展是一个综合化的发展理念，牛文元（2012）归纳了中国可持续发展战略的八个方面的内容：经济增长的"效益内涵"；国民财富的内在质量即知识含量不断提高；满足"以人为本"的基本需求；人口数量的调控和素质的提升；自然资源基础的维护；科技创新突破发展瓶颈；发展与环保的协调；效率与效益的优化匹配②。

开发性金融理论本身也包含可持续发展观的内容，要求开发性金融在支持中国的工业化和城市化过程中，更加重视社会民生领域的发展，重视人与自然的协调发展。开发性金融的可持续发展观与中国可持续发展战略在内涵上是一致的。因此，开发性金融在区域资源的配置中，要引导和促进区域经济增长方式的转变，特别是摒弃片面追求经济增长而盲目发展基础设施和"摊大饼"式的城镇化建设；大力支持地方产业结构升级，提升财富内涵；积极发展绿色金融，维

---

① 李曦光：《开发性金融对中国经济影响的实证研究》，载《投资研究》2015 年第 11 期，第 148 页。
② 牛文元：《中国可持续发展的理论与实践》，载《中国科学院院刊》2012 年第 3 期，第 285 ~ 286 页。

护资源与环境；通过发展普惠金融和民生金融，不断改善地方人民生活质量和福利水平。总之，促进区域可持续发展，是开发性金融区域配置的升级目标，是当前和未来一段时间，开发性金融资源配置结构调整和业务方向调整的重点之一。

（三）开发性金融对全国各区域的"协调、开放和共享"发展的作用

2015年，我国政府倡议"创新、协调、绿色、开放、共享"的新发展理念。"协调"的理念，要求推动形成"区域协调发展，塑造要素有序自由流动、主体功能约束有效、基本公共服务均等、资源环境可承载"的新格局[①]。在全国区域经济布局方面，我国形成了"一弓两箭"的新格局[②]（管清友，2014）。

推进区域协调发展，要求开发性金融机构运用在实践中积累大量的信息、知识和经验，包括产业知识、区域发展知识、金融知识等，发挥规划的能力和优势，参与中央政府和地方政府部门的各类区域协调发展规划。开发性金融机构的知识和治理参与，从金融学的视角来看，提供信息是金融的主要功能之一[③]，从内生增长经济理论的视角来看，也是金融机构自身发展的内生动力，同时，这些知识的外溢和运用，也能够起到弥补政府决策能力短板、促进经济增长的作用。

要素有序自由流动，要求开发性金融机构在科学规划的基础上，加大对跨区域基础设施建设的支持，促进物质资本、人力资本和技术资本的自由流通。不仅如此，开发性金融要利用自己的知识优势、总分行两级扁平化的管理优势、功能齐全的机构优势和"规划、投资、贷款、债券、租赁、证券"等综合产品优势，在产业链的跨区域整合、企业的跨区域并购、优化生产力的区域布局方面发挥关键作用。

主体功能约束有效，要求开发性金融机构在区域资源配置时，根据《全国主体功能区规划》中"优化、重点、限制和禁止"四类开发区域的划分，分类做好规划，不支持与地方发展定位相矛盾的产业，尤其是要控制对后两类区域的资源配置规模。即使对于重点开发区域，也要注意开发的代际均衡，避免大干快上，透支未来的发展潜力。

基本公共服务均等，要求开发性金融机构发挥资源的跨区域引导和配置作用，把发达地区和发达城市的高端优质公共服务项目开发主体，引入到欠发达和

---

① 参见2015年10月29日《中国共产党第十八届中央委员会第五次全体会议公报》。
② "一弓"是指从东北地区到京津冀经济圈再到海上丝绸之路；"两箭"指的是丝绸之路经济带和长江经济带。
③ ［美］兹维·博迪、罗伯特·莫顿、戴维·克利顿：《金融学》第二版，曹辉等译，中国人民大学出版社2013年版，第32页。

优质公共服务不足的地区，如医疗资源、教育资源等。促进区域公共服务不仅在"量"上，更在"质"上的平衡。

资源环境可承载，要求开发性金融在区域资源配置时，要把资源约束和环境影响作为首要考虑因素，坚决退出对高污染、高耗能项目的融资，在推进城镇化建设方面，充分考虑过度城镇化可能对资源和环境带来的负外部性。

支持区域协调发展，还要求开发性金融机构的业务和经营，服务于现有国家区域发展总体格局的健全与完善。我国已形成了多层次的区域发展格局。一是按照宏观发展水平和发展阶段，大致纵向划分的东、中、西三大地带；二是按照区域经济协同发展的理念划分出的若干经济带：如京津冀一体化、长江经济带、珠江经济带等；三是与周边互联互通战略和"一带一路"倡议地理上相关的省份形成的外向型区域联合体；四是依行政区划形成的各个省域经济单元；五是国家根据产业、贸易、金融和科技布局的需要，在省域内设立了7大经济特区、17个国家级新区、4大自贸区等主题性功能单元。我国形成了点面结合、纵横交错、主题多元、外向辐射的多元化区域空间格局和发展格局。我国空间发展格局和发展战略，是开发性金融资源地域配置的现实基础和依据。

总之，区域协调发展是产业、民生、资源、环境等综合因素的协调发展，是全国一盘棋式的发展，是融合五大发展理念的高级化发展，对于开发性金融机构的知识水平、统筹规划能力和业务发展模式提出了更高的挑战。开发性金融机构要优化内部区域融资的管理架构，改革现有以省为单位的区域机构设置，建立适应"一弓两箭"总体布局和区域协调发展的业务支撑和协调系统。

二、开发性金融资源区域配置的结构特征

通过汇总国开行2013～2015年的贷款地域分布的平均占比，可以看出，国开行贷款余额东、中、西部占比分别为41%、19%、26%。东部地区的余额最大，一方面反映出国开行积极贯彻我国东部率先发展的战略，另一方面也与东部地区经济基础好、体量大、信贷吸收能力强有关。

通过汇总对比国开行与建设银行（简称建行）、农业银行（简称农行）和工商银行（简称工行）三家金融机构区域信贷余额占比，我们也发现，国开行西部地区占比高出其他三家金融机构，而东部地区占比明显低于三家金融机构，反映出国开行积极贯彻国家西部大开发战略，在资源配置上，较其他银行更向西部地区倾斜（见图5-3）。

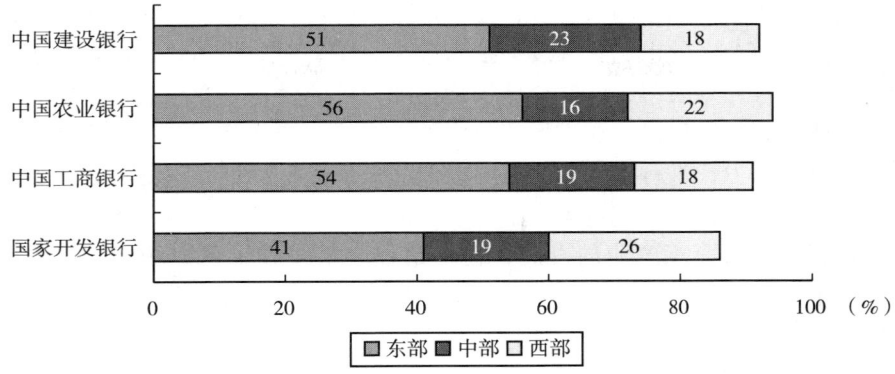

图 5 - 3　各大银行信贷资产区域分布比例情况对比

资料来源：国开行 2013 ~ 2015 年报。

三、因地施策是开发性资源区域配置的基本特点

区域经济发展具有阶段性特征，是区域发展的一般规律。不仅世界范围内如此，一国之内不同的地域也同样如此。我国长期实行梯度发展战略，东、中、西部在产业结构和发展阶段存在较大差异，各区域的重点领域和薄弱环节也各不相同。开发性金融紧紧抓住各区域的产业基础和禀赋基础，因地施策，找准切入点，通过补齐各区域产业发展的短板，实现促进区域经济增长和发展的目的。

（一）西部：基础设施 + 基础产业

西部地区自然资源丰富，但大部分地区地广人稀，产业资本缺乏，因而工业相对落后，地方积累不足。积累不足加上省域财政各自独立，所以依靠地方资金无法大规模发展交通基础设施。交通基础设施的落后，又加大了发展产业的成本。因此，西部大开发初期的基本情况是基础设施和基础产业同时落后，并彼此制约。针对这一状况，国开行在西部地区信贷资源配置的重点是基础设施和基础产业。另外，针对西部大开发起步阶段重点项目启动资金短缺的情况，借鉴世界银行（简称世行）、亚洲开发银行（简称亚行）的经验，在西部推出了"技术援助贷款"的新产品，为重点项目的前期规划和技术经济论证提供贷款，体现了"开发性"的特点。

（二）东北：国企整合 + 城市改造

东北地区重工业发达，新中国成立后一大批国家的重型装备企业布局于此，工业城市多，产业工人多。受传统计划经济体制的影响，东北地区的工业产品的

销路长期以来严重依赖于国家订货，在全球技术进步、产业升级和市场经济的大潮下，我国东部地区的市场化程度和技术进步速度呈现加快趋势，市场化了的企业开始摆脱行政计划束缚，面向全球采购更加先进的设备。而东北地区的重工业企业由于产品更新换代慢，在市场竞争中处于弱势，效益普遍不佳，再加上社会性支出的巨大压力，进行大规模的技术改造的投入资金匮乏。国开行在助力东北老工业基地振兴过程中，支持国企整合兼并的同时，通过对城市基础设施进行大规模融资，带动了第三产业的发展，在一定程度上缓解了下岗职工的再就业压力，促进了产业转型升级。如开发性金融支持沈阳铁西区的建设案例非常具有典型性。

案例 5 - 1　开发性金融支持铁西区产业结构升级

　　辽宁省沈阳铁西区是我国最早的大型装备制造业中心，区内一度集中了1000 多家大中型国有企业，大多数债务负担沉重，资产负债率高，拖欠银行债务共计 260 亿元，30 万名产业工人近半数下岗待业。2002 年，辽宁省把铁西区和沈阳经济技术开发区整合为铁西新区，目的是对区内的装备制造业进行大规模结构调整。但战略实施时，遇到了资金瓶颈。开发银行积极介入，构建了新的信用模式，选择沈阳经济技术开发公司作为融资平台，授信 37 亿元。并结合 500 亿元软贷款的部分资金使用，对铁西区内劣势企业进行搬迁、并轨、改造等系统性改造，对 5 万户家庭实行棚户区改造。同时，对优势企业进行重点扶持和提高专业化的整体改造。国开行加大了对沈阳机床、北方重工、沈阳鼓风机三个大企业平台的支持力度，促进了产业基地集群效应和重点企业做强做大。整个项目实施后，铁西区壮大了第二产业，搞活了第三产业，产业结构得到有效升级，铁西装备制造业中心也因此被列入国家战略。

　　（资料来源：《国家开发银行史》编辑委员会：《国家开发银行史 1994 - 2012》，中国金融出版社 2013 年版。）

（三）中部：城市基础设施 + 基础产业 + 高新技术产业

　　中部地区人口较为密集，既有城市化的需求，也具备大规模城市化的条件。开发性金融适应这一需求，重点支持了中原、长株潭等大型城市群的建设。不仅如此，为了筑牢城市发展的产业基础和就业基础，国开行提出了"产城融合"的城市开发理念，一方面为城市基础设施建设提供融资，另一方面扶持城市产业的发展壮大。以武汉东湖示范区为例：国开行采取了梯度支持的路径，即沿着"基础设施—重大产业—科技型企业"的路径，累计向东湖示范区提供融资近 300 亿元，占到示范区融资总额的一半，推动了光谷软件园、国家生物产业基地、未来科技城等高端创新园区迅速崛起。扶持了武汉新芯、格林美等高科技产业成为行业的先锋。截至 2013 年末，东湖示范区在全国高新技术开发区中综合排名第三，成为中部地区科技创新中心和新的经济增长极①。

（四）东部：产业升级＋区位升级＋消费升级

我国东部地区具备良好的地理和区位优势，生产要素齐备，加工制造业发达，支柱产业和战略性新兴产业有一定基础。同时，东部地区又处在国际产业竞争的最前沿，产业发展时刻面临着不进则退的压力，因此，利用多年的资本、技术积累和开放优势，提高基础研发能力，发展高技术产业，发展高附加值的生产和生活服务业，吸纳制造业升级以后转移的就业人口，是东部地区发展的必然路径。基于这一判断，国开行在东部地区重点支持聚集高技术产业和现代高端服务业的国家新区建设，提升产业层次的同时，也提升区位的品牌价值度，实现产业和区位的联合升级。天津滨海新区、山东蓝色半岛经济区、福建海峡西岸经济区等都是在开发性金融的综合融资支持下建成并起步的。

综上，开发性金融因地施策，实现了产业资源配置和区域资源配置的有机结合和发展互动，为金融促进我国产业升级和区域协调发展找到了一条高效率的路径。

第三节 进一步优化开发性金融资源区域配置

一、我国区域发展存在的问题

近年来，国家区域战略和政策效果逐渐显现，我国区域发展向平衡与协调迈进。同时，由于各区域的发展条件和市场环境差异、片面追求增长、忽视可持续发展现象的存在，以及国际产业分工格局的动态变化，我国区域的可持续和协调发展仍然面临诸多问题和挑战。

（一）东北地区经济转型升级压力依然很大

由于历史"欠账"的原因，产业结构转型升级仍然是东北地区面临的主要难

---

① 林放：《开发性金融在湖北探索与实践》，湖北日报特别书局 2014 年版，第 229 页。

题。主要表现仍是三次产业比例失调，工业尤其是重工业的占比过高，服务业没有得到充分发展。以黑龙江省为例，该省自然地理环境独特，具备发展生态农业、冬夏季旅游休闲的良好条件，但由于缺少龙头企业的示范带动，这些产业没有形成规模，因而产值的潜力没有得到充分发挥。从所有制机构上看，东北地区产业经营单位中，中央企业比重较大，大多数集中在船舶机械制造、石油化工、钢铁煤炭等传统产业，与地方经济融合度不高。东北地区的服务业、中小企业和民营企业没有形成产业链的合理布局，存在民企创新能力活力不足问题。此外，东北地区普遍存在产学研结合不强、科技成果转化困难、产业配套能力较弱等问题，产业集群效应难以形成。从产业链构成看，东北地区的产业主要集中在生产加工等上游环节，销售渠道不畅问题依然突出。

从金融资源配置的角度看，东北地区金融资源的聚集度不强，金融机构向实体经济输血的能力长期存在缺口，导致东北地区吸纳的金融信贷规模全国占比明显低于其地区生产总值的全国占比。另外信贷规模结构不合理。银行对于工业转型升级的信贷的支持力度偏低。以黑龙江省为例，根据有关统计数据，"十二五"期间黑龙江省全部贷款增幅18%，而工业信贷增幅仅为7%，远低于全部信贷增幅，且出现连年下降趋势。工业信贷的缩减趋势，一方面反映了去产能调结构的需要，另一方面也反映出工业转型升级所需要的资金供应不足问题。由此可能引起的工业实体经济下滑、失业问题值得关注。另外，黑龙江省贷款短期化倾向明显，也制约了工业企业转型升级[①]。

（二）西部地区工业化与生态文明建设出现新的矛盾

近年来，在国家政策的支持下，西部地区的经济出现明显的崛起势头，各地地区生产总值增速开始超过东部地区。同时，由于追求发展速度，并在产业选择上优先发展耗能和污染严重的重化工业，造成了严重的负外部性。矿产资源的超采，也使资源短缺开始露出端倪。产业结构方面，重工业比重高于轻工业，以西部自然禀赋优势为依托的第三产业，如旅游相关产业，尚未成为西部地区的经济增长点[②]。

（三）东、中部地区新兴产业发展国际竞争力有待提高

国家实行中部崛起战略和东部率先发展战略以来，在国开行等金融机构的支持下，东、中部地区新兴产业快速增长，但尚没有形成支柱性产业，高端制造业离国际先进水平还有较大距离，对中高端的消费需求满足程度较低，表现为我国

---

① 以上为笔者2016年在东北调研时获得的相关数据。
② 单晓娅等：《西部工业化与生态文明协调发展存在的问题及对策》，载《调研世界》2017年第1期，第60页。

旅游人口境外购买基本生活用品消费额居高不下。同时，东部地区发展的外部约束越来越明显，对外部资源和原材料供给的依赖性越来越大，环境方面，雾霾天气成为东中部短期内难以克服的顽疾①。

二、优化开发性金融资源区域配置的建议

针对我国区域发展的问题和挑战，开发性金融机构应围绕区域协调发展的总的指导方针："创新、协调、绿色、开放、共享"五大发展理念和"五位一体"的总布局，依据"十三五"规划确定的区域发展战略，结合《中国制造 2025》等战略规划，坚持因地施策，区别对待，促进我国区域发展在新的更高水平上的协调和平衡。

（一）加大对东北地区产业结构转型升级的投入

"十三五"规划提出了积极推动结构调整，提升东北地区等老工业基地发展活力、内生动力和整体竞争力的总要求。对于开发性金融来说，应该发挥资金的动员和产业投向的引导优势，从以下几个方面发力。首先，应该重点支持东北地区发展有规模的生态农业、旅游、休闲等产业，使现代生态农业和服务业产业成为东北地区的主导产业。其次，通过并购贷款和产业链融资，支持东北地区重工业企业与东部地区的相关企业通过合并、产业链整合等方式，扩大产品在国内的使用范围。通过支持这些企业的国际产能合作，支持向海外布局和延伸。最后，大力支持东北地区中小企业发展，为重工业的转型升级吸纳更多就业人口。

（二）促进西部地区向绿色和生态产业的转型

西部地区工业化和生态保护的矛盾是一个影响全国的问题。我国地势西高东低，西部的生态问题很容易通过自然渠道向东部和全国蔓延。开发性金融需要按照"十三五"规划提出的大力发展绿色农产品加工、文化旅游等特色优势产业，强化生态环境保护，提升生态安全屏障功能等要求，调整信贷结构，加大对西部地区生态产业的支持力度。

（三）进一步促进东部地区的区位升级、产业升级和消费升级

针对东中部地区的短板，我们认为，开发性金融应该着力支持东部地区的区

---

① 范恒山：《率先行动 持续开拓 再创东、中部地区发展新辉煌》，载《宏观经济管理》2017 年第 1 期，第 14 页。

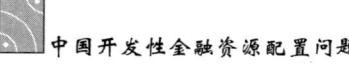

位、产业和消费升级。同时，区位、产业和消费的升级不能走传统的、渐进式、遵循比较优势①的老路，而是要走开放式升级和跨越式升级的道路。一方面要支持进行优势产能的国际合作，另一方面要通过并购融资等方式，支持东部企业在海外并购高技术企业，同时通过各类创新产业基金，支持基础科研和企业研发投入，使东部地区成为世界创新产业的中心。

---

① 林毅夫：《新结构经济学》，北京大学出版社 2012 年版。

第六章

开发性金融资源社会配置

第一节　开发性金融资源社会配置：需求与供给

需求与供给是现代市场经济的基本范畴。近年来，我国经济进入新常态，特征之一是经济总供给与总需求的失衡。供给和需求失衡具有系统性和整体性，反映在社会经济各层面和各领域。社会建设和民生领域的金融服务问题同样如此，突出地表现为在农村金融供给不足、中小企业融资"难"与"贵"、住房、教育、医疗、环保等领域资源和资金匮乏等。针对新常态下总供给和总需求失衡的状况，我国政府提出了供给侧结构性改革的新方略，其基本的思路是"去产能、去库存、去杠杆，降成本、补短板"。现实表明，社会和民生领域高杠杆、高成本以及金融有效供给不足的短板依然存在。深化金融在社会民生领域里的供给侧结构性改革势在必行。开发性金融作为宏观调控和政府政策的金融工具，近年来在服务社会民生方面卓有成效。探索和研究开发性金融在社会民生领域里发挥开发性作用的动因、机理和方法，对于优化金融领域的供给需求管理，改善我国社会民生领域里的资源配置，进而促进全面建成小康社会等民生福利目标的实现，具有积极意义。本章拟从需求与供给分析开始，探索开发性金融资源在社会领域配置的机理和模式创新，并针对我国社会民生领域存在的突出问题，结合开发性金融的属性和使命，提出优化开发性金融资源在社会领域配置的思路和建议。

一、金融市场失灵和"二元经济"结构导致社会民生领域金融服务供给不足

在经济学中，市场失灵是普遍存在的现象，尤其是在市场制度不发达的国家。市场失灵的表现有：（1）外部不经济（external diseconomies），如生产活动的环境

污染问题；（2）市场对经济结构转型升级的动力不足；（3）欠发达的制度（underdeveloped institutions）和不完全信息（inadequate information）；（4）市场机制与国民目标（national goals）之间的矛盾等①。金融市场是市场的一部分，"失灵"也不鲜见。如金融市场本身具有某种"嫌贫爱富"的特点，因为信息不对称；尽管低收入人群可能有生产性的投资机会，但由于缺少财产抵押，可能被拒之于金融市场之外，从而难以实现资金流动和资源优化配置，造成效率损失，无法改善收入分配；金融市场可能对中小企业、小微企业进行资源配置的动力不足等。

市场失灵，包括金融市场失灵会影响民生福利。从我国情况看，我国经济保持多年高速增长，并成功进行了市场化改革。在生产力得到解放的同时，我国民生和福利方面的问题也逐步显现，突出表现为居民收入差距扩大、公共产品与服务供给不足以及环境问题突出。由于金融市场以效率优先为原则，我国并没有建立系统性的民生金融支持体系，民生金融服务领域里的需求旺盛和供给不足是现实存在的问题。

我国经济发展中的社会和民生福利问题，除了市场失灵以外，还有"二元经济结构"变革造成的负外部性问题。经济学家刘易斯等人认为，由发展水平存在巨大差异的农业部门和工业部门组成的"二元结构"是发展中国家的共性。经济的发展和现代化，就是工业化不断吸纳农业劳动力的过程。迈克尔·托达罗对此进一步反思，认为传统的二元经济理论没有解释发展中国家城市高失业率和农村劳动力大量流入城市并存的现象。他认为，由于单纯追求城市化和工业化，没有重视农村和农业自身的发展，导致城乡差距越来越大②。

纵观新时期我国的经济发展，也是一个城市化和工业化程度不断提高，即二元结构升级的进程。出于高增长率需求的加速城市化和工业化，以及人口向城市的快速集聚，也带来了一定程度的负外部性，表现为"大城市病"、农村的"空心化"、农业产业的发展滞后等。为改变"二元经济结构"所进行的大规模城市化和工业化，在客观上吸收了大量的金融资源，从而使农村对于金融资源的吸纳能力下降，农村信贷资源匮乏成为必然。

二、政府弥补由于金融市场失灵引起的社会民生金融服务不足的有限性

市场失灵使政府干预具有了合理性。阿瑟·庇古认为，由于私人活动外部性

---

① ［美］德怀特·波金斯等著：《发展经济学》（第六版），彭刚等译，中国人民大学出版社 2013 年版，第 127 页。

② 刘汉林编著：《西方理论经济学》（下卷），成都时代出版社 2003 年版，第 600 页、607 页。

的存在，竞争性市场并不能产生最大化的福利，政府在经济中应该发挥更大作用①。为解决为市场机制所忽视的民生问题，党的十六大后，国家更加重视社会建设，并把保障和改善民生作为社会建设的基本出发点和落脚点。党的十六届四中全会正式提出建设和谐社会。党的十七大报告首次将"学有所教、劳有所得、病有所医、老有所养、住有所居，推动建设和谐社会"作为改善民生的明确目标。党的十八大提出了"五位一体"的总布局。党的十八届三中全会提出了推进社会事业改革创新的任务，要求推进基本公共服务均等化，加快形成科学有效的社会治理体制。因此，社会民生领域的建设已经成为新时期我国经济生活的重要主题。

　　国家财政通过直接支出和转移支付，加大了对民生事业的投入力度。2016年，我国财政民生建设拨款为 69440 亿元，占财政总支出的 50%②。但财政支持民生事业受制于以下因素。其一，财政供给能力的有限性。尤其是进入新常态以来，随着经济增速的下降，我国财政收入增幅呈连年下降趋势：2011～2015年，财政收入增幅分别为：25%、12.9%、10.2%、8.6%和5.8%。其二，我国实施适度扩张的财政政策，财政收支的赤字率连年增加，2012～2015年分别为1.5%、2.1%、2.1%和2.3%③。新常态下，政府财政赤字也会加重财政风险，影响财政支持民生事业的可持续性。其三，从地方政府来看，债务率高企已经成为影响地方财政可持续的难题。尤其是"土地财政"模式受到限制、难以为继之后，地方政府的财力增长压力持续加大。财政实力的可持续性和我国社会民生领域的巨大需求形成鲜明对比。据测算，我国基本公共服务资金供需缺口巨大，到2020年，这个缺口最高将扩大到 52 万亿元④。

　　因此，从实际看，仅仅依靠政府的公共支出，解决民生和公共产品的供给问题，显然是捉襟见肘的。公共财政理论把公共物品和公共服务的供给当作政府的基本任务。这一理论并不完全适合我国的体制和国情，因为其基础是私有制和自由市场机制：在私有制和市场竞争的条件下，避免社会所不能接受的收入分配上的不平衡等，是公共支出和税收政策的责任⑤。我国的体制要求政府发挥对市场机制的管理和引导作用。政府在民生领域发挥作用，除了通过直接支出和转移支付向公共产品和公共服务领域直接投入以外，还可以制定政策、制度和规则，要求和引导金融机构履行社会责任，支持民生领域的融资需求。例如银监会通过发布相关《小微企业金融服务工作的指导意见》，规定相关考核和评价指标，从政

---

① ［美］斯坦利·布鲁等：《经济思想史》（第7版），邸晓燕等译，北京大学出版社 2008 年版，第 322 页。

② 财政部国库司：2016 年财政收支情况。

③ 中华人民共和国统计局：《中国统计年鉴》历年数据。

④ 周幼曼：《中国基本公共服务资金供需研究》：中央党校博士论文，2014 年，第 61 页。

⑤ ［美］查尔斯·沃尔夫：《市场，还是政府—市场》，陆俊等译，重庆出版社 2009 年版，第 167 页。

策上引导和动员金融机构加强对涉及民生的小微企业的支持；证监会2016年发布的《关于发挥资本市场作用服务国家脱贫攻坚战略的意见》，要求证券交易所为贫困地区的企业上市融资提供便利等；国开行专门从事民生领域融资的住宅和扶贫两个事业部，也是在政策的支持和指导下设立的。

三、开发性金融在资源社会配置中发挥主导作用的必然性

支持社会和民生领域是我国金融机构的职责和义务所在，这一方面是我国大部分金融机构的国有属性决定的；另一方面也有理论上的合理性。根据国情和实际，我国实行"金融深化"。"金融深化"的客观结果是：正的实际利率，促使金融体系规模的不断增长，金融资产的速度快于收入增长的速度①。因此，这一战略选择提高了社会储蓄的投资率，促进了经济增长，同时，也带来了金融体系内财富的集聚，也造成了一定的财富分化效应。2016年末，我国的广义货币（M2）余额为155亿元，约为GDP的两倍，全部银行资产总规模也超过200万亿元。

与我国巨大的金融体量相比，民生领域的资产占比较小。以"三农"为例，2015年末，我国银行业涉农信贷资产余额26.4亿元②，占银行业金融机构总资产的比例仅为13%，而从人口比例看，2014年我国农村户籍人口为64%③。因此，尽管"三农"信贷总量有所提升，但相比我国农村巨大的户籍人口体量，农村金融资产的规模还相对较小。从农村金融机构的服务效率上看，农业发展银行支农力度有待大幅提高，农业银行的业务以城市为主，农村信用机构体量小、功能弱、效率低的现象还普遍存在。从结构上看，其他商业银行的民生领域贷款，还仅限于小微企业贷款，种类相对单一，对于其他领域如扶贫开发、保障性住房、助学贷款等则鲜有涉及。

因此，财政资源供给的有限性和商业性金融资源供给的被动性同时存在，是我国民生金融面临的困境和短板。想要弥补这一短板，需要充分发挥开发性金融的作用。开发性金融能够发挥民生领域融资主力作用的原因有以下几个方面。

首先，开发性金融具有工具性，促进国家经济的可持续发展是其重要职能。社会民生领域与产业领域的协调发展，是经济可持续发展的前提和标志。因此，开发性金融支持民生是职责所在。其次，开发性金融具有强大筹资功能，可以将工业化和城市化过程中积累的储蓄基金，通过向"三农"领域的重新配置，反哺

---

① ［美］德怀特·波金斯等著：《发展经济学》（第六版），彭刚等译，中国人民大学出版社2013年版，第495页。
② 中国人民银行：《中国金融稳定报告（2015）》，中国金融出版社2015年版，第33页。
③ 中国国家统计局数据。

农村金融市场，从而起到对"二元经济结构"演化的负外部性进行纠偏的作用。再次，开发性金融"市场、信用和制度"三项建设的开发性方法也有助于支持民生产业的发展和市场形成，有助于形成良好的社会金融生态，有助于控制风险，因而能够可持续地支持民生领域发展。最后，开发性金融机构具备"投资、贷款、债券、租赁、证券"等多种融资功能的集团架构，通过创新模式，能够为民生领域的发展提供全面系统性的支持。

总之，开发性金融是我国民生领域资源配置中一个不可或缺的、能够起到关键作用的金融形态。用好开发性金融这个工具，对于实现我国的社会建设和民生目标，实现经济和社会的协调发展，具有长远的意义。

第二节 开发性金融资源社会配置：事实与创新

一、开发性金融对社会民生领域的系统性支持

开发性金融支持的民生领域，相对于其他商业性金融机构的相对单一性而言，是一种系统、全面和以人为本的民生金融理念。关注人的生存、生活和发展的各个层面，包括住房、就业、扶贫、教育和环境领域。开发性金融对这些领域的支持，受制于机构的规模和职责，不是面面俱到的投入，而是着重于支持各领域的基础和关键环节，发挥资源整合和动员的功能，起到市场的带动和引领作用。

在住房领域，国开行重点支持了关系城镇居民基本生活条件的保障性住房和棚户区改造项目。开发性金融从 2007 年投入 500 亿元软贷款资金支持辽宁省 11 个城市的 90 万户居民棚户区改造起步，成立了专门负责棚户区改造的全国第一家住宅金融事业部。截至 2015 年底，棚改贷款余额 1.31 万亿元，支持了全国 31 个省（区、市）棚户区改造，惠及棚户区居民近 2000 万户[①]（见图 6-1）。

在教育贷款领域，开发性金融重点支持了商业银行退出了的、关系贫困大学生就学问题的助学贷款。到 2015 年底，国开行高校学生贷款存量 562 亿元。共覆盖全国 26 个省（区、市）、2070 个县（区）、2818 所高校，实现高校覆盖率 100%，全国县区覆盖率 70%，惠及大学生 765 万人，国开行大学生贷款规模占全部助学贷款余额超过 90%（见图 6-2）。

---

① 《国家开发银行年报（2015）》第 44 页。

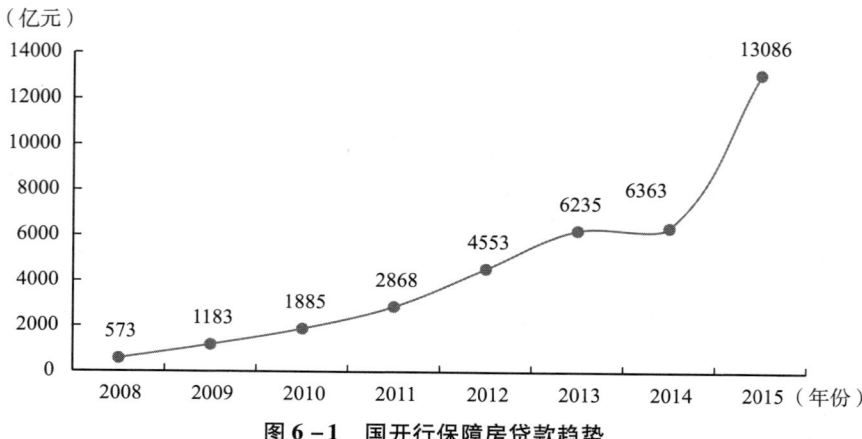

图 6-1 国开行保障房贷款趋势

资料来源：国开行 2008~2015 年年报。

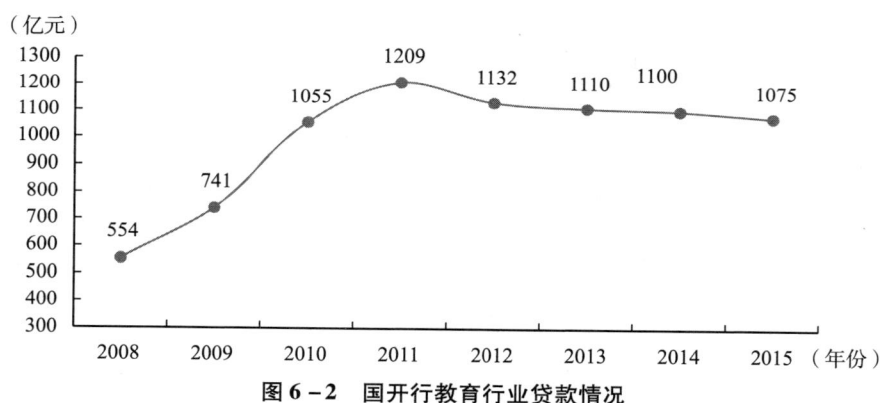

图 6-2 国开行教育行业贷款情况

资料来源：国开行 2008~2015 年年报。

在中小企业贷款领域，国开行主要针对 2003 年开始的国有企业改革后企业分流人员就业压力加大，从支持国企改革和经济结构调整的目的出发，探索以开发性的方式支持社会弱势群体和中小企业。到 2015 年底，国开行中小企业信贷资产存量 2.82 万亿元，其中小微企业余额 1.03 万亿元。从图 6-3 可以看出，国开行中小企业贷款余额规模连年增加，2014 年、2015 年占比都在 30% 以上，其中小微企业贷款占比 12%，仅次于工行，与建行和农行持平。这个比例，反映出开发性金融这两年来针对我国中小企业融资难的问题，加大了金融资源配置的力度（见图 6-4）。

国开行还积极支持节能减排，开展绿色信贷。截至 2015 年末，绿色信贷贷款余额 1.57 万元。

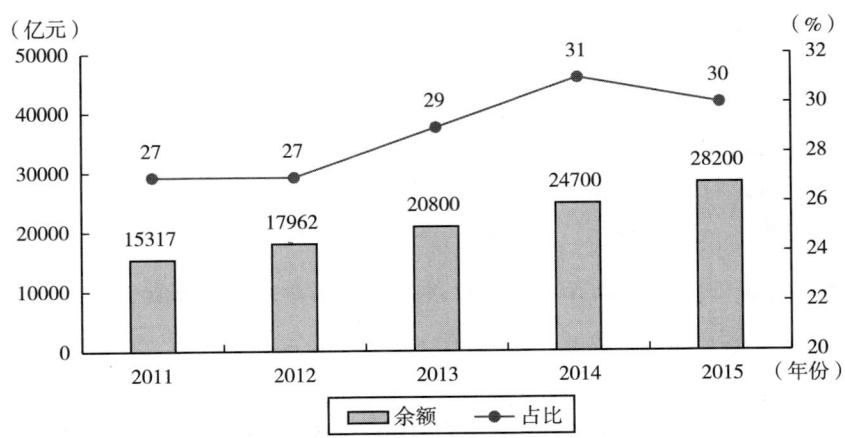

图 6 – 3 国开行中小企业贷款情况

资料来源：国开行 2011～2015 年年报。

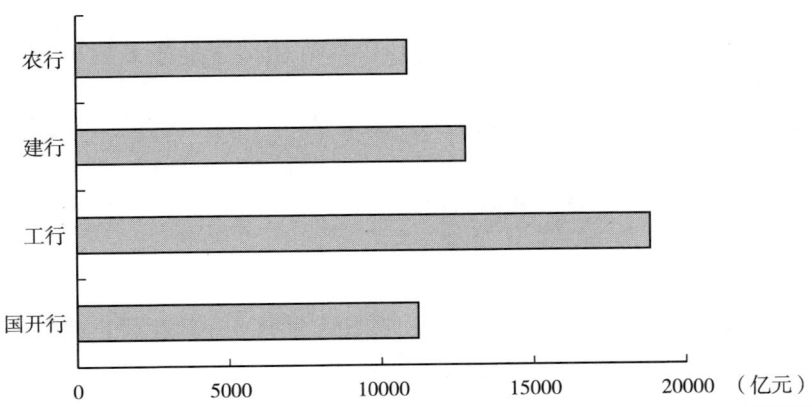

国开行与其他银行小微企业贷款规模及占比		
国开行	11200 亿元	12%
工行	18832 亿元	17.30%
建行	12779 亿元	12%
农行	10882 亿元	12%

图 6 – 4 国开行中小企业贷款情况

资料来源：各行 2015 年年报。

二、开发性金融资源社会配置的模式创新

开发性金融机构的功能和特点，决定了开发性金融具有"集约化筹集资金、

集约化配置资金和集约化建设信用"的功能，因此开发性金融机构具备"以'批发'的方式解决'零售'问题"的能力。开发性金融在社会资源领域里的开发模式创新和风险管控创新，为民生领域里金融的发展和风险管控问题的矛盾，提供了较好的解决思路。我们以开发性金融在"三农"领域的集约开发经验和案例，来分析开发性金融的集约式开发模式的创新，并以"小额农贷"和助学贷款的案例，分析开发性金融在社会民生领域融资的风险管理模式创新。

（一）开发性金融"三农"领域资源配置的创新：集约开发

解决"三农"问题的关键，是改变其在我国城市化和工业化发展中的附庸地位，通过培育内生动力，使之成为整体经济发展的有机组成部分。开发性金融的"三农"融资，不同于商业银行和农村信用社传统的家户贷款模式，其主要的模式是在新型城乡一体化的理念下，运用三项建设的方法，对相对落后地区进行主题化、集约化、绿色化的开发，为市民打造特色旅游休闲和创业基地、为农民创造就业和资本性收入机会、为企业创造价值、为政府创造解决"三农"问题和城乡一体化的新模式。国开行的全资子公司国开金融公司近年来借鉴国外先进经验，探索出了"市民农庄"模式的新型城乡一体化模式，充分体现了开发性金融的集约开发理念。目前已经启动建设的项目有北京焦房山区各庄市民农庄项目、天津蓟县狐狸峪村市民农庄项目、HK 市 SM 村项目等。我们以 SM 村项目规划为案例来分析这一模式的开发性和创新性特点。

案例 6 - 1　开发性金融支持 HK 市 SM 村城乡一体化暨市民农庄项目规划案例

1. 项目背景

SM 村位于 HK 市，村域面积 11 平方公里，总人口 2145 人，适龄劳动力有 80% 在外务工，仅有 20% 留在村中，空心化严重。靠出租土地和农业生产为生，人均年收入低，约 8000 元。突出的问题有：土地抛荒严重，3300 亩基本农田中，有 30% 被抛荒；村落布局零散，内有 16 个自然村，最大村 400人，最小村仅 8 人；市政配套服务缺失；公共服务不足；房屋建筑质量差。

2. 预期目标

根据 SM 村的现状，需要建立市场化、可持续的商业模式，通过金融支持，通过统筹规划，一揽子解决农民就业、农业发展和农村面貌改善的问题，力争达到发达国家乡村的整体水平。

---

3. 规划思路

总体的思路是对建设土地整合布局，既考虑农民，也考虑市民，带动城乡一体化发展。规划在村域内建设"一心一带四区"：一个生态农业观光中心，一个田园漫游带，农民社区、市民农庄区、旅游休闲区和养生健康区。农民社区把原来分散居住变成集中居住，市政设施和公共服务配套更加方便。农民社区除了居住区以外，还开辟集体菜园，一是避免农民产生离开土地的失落感，二是自种果蔬可以降低生活成本。农民社区的房屋采用庭院式和多层公寓相结合的方法，并考虑当地建筑风格，避免"兵营式"的千篇一律。社区设节庆广场、文化中心、村民戏台，保留村庙、祖屋和祠堂，并引入"HN大学艺术学院"，打造乡土精神文化体系，建立村民合唱团、舞蹈队、摄影书法系和国学馆等。农民社区的建设按照绿色乡村、新能源乡村、智慧乡村和海绵乡村的标准建设。

农民集中居住腾出来的土地进行产业开发，产业由现代农业、市民农庄、旅游休闲和养生健康四大板块组成。现代农业，主要是发展有机生态农业；市民农庄有家庭级、集体级和企业级三个类型，规划有药物农庄（以南药种植、药疗养生为主要服务内容）、创客农庄、咖啡农庄、雪茄农庄、红酒农庄等，规划建设80余个，也可以采用租赁方式取得使用权。

4. 融资和运营模式

农民土地经过确权以后，以土地权益入股村集体公司，成为股东。村集体公司与国开金融公司等其他平台，共同成立运营公司，负责项目的总体开发和经营。开发性金融机构为运营公司提供以产业项目运营为还款来源的贷款支持。村集体公司和市场化开发机构共担风险，共享收益，市场化运营，凡是市场能做的，都由运营平台来承担，不增加政府债务负担，政府仅进行必要的行政性投入。

据测算，市场化运营以后，农民的股权和工资收入可以达到37000元/年/人，远高于现有的8000/年/人的水平。

（资料来源：笔者调研。）

评析：

经济进入新常态以来，我国把供给侧结构性改革作为"稳增长、调结构"的主要抓手。在"三农"领域，供给侧结构性改革要求转变农业生产方式，发展现代农业，促进新型城乡一体化的发展[①]

---

① 参见：《中共中央、国务院关于深入推进农业供给侧结构性改革加快培育农业农村发展新动能的若干意见》，2017年2月。

开发性金融通过市民农庄的模式支持城乡一体化发展：（1）创造性地贯彻了国家发展理念和政策意图："绿色、创新、协调、开放、共享"的发展理念和农业供给侧结构性改革的要求，把市民农庄变成了"供给侧机构新改革"和消费升级的新的增长点，创造了新的供给和新的增长需求。（2）这一模式没有触动农村现有的集体产权制度，改变的只是它的实现方式，农民由分散的个体，变成集约化、公司化实体的股东，调动了农民生产积极性。（3）这一模式实现了城乡要素双向供给，通过市民的投资消费，带动乡村发展生态农业、旅游休闲和养生健康等新型服务产业。（4）这个模式在使农村旧貌换新颜的同时，保护了地域文化特色，尊重农民的生活方式，体现了"以人为本"的发展理念。（5）这一模式实现了集体、开发性金融机构投资和社会资本的融合，引入了市场化运作机构，是一种基于综合开发的 PPP 模式，较之于单一项目和单一收入来源的 PPP 模式，更有可持续发展的潜力。（6）这一模式中，开发性金融的支持起了关键的作用。开发性金融机构的智力参与，形成了一个创新的城乡一体化发展模式。开发性金融机构的投融资支持，能够为这一模式提供中长期的、以项目自身现金流作为还款来源的资金支持，不增加政府的债务负担，同时项目形成的收益还能够给财政带来一定的税收收入，产业的发展有助于解决农民的当地就业问题，缓解城市就业压力。

总之，开发性金融支持的新型城乡一体化发展模式，实现了银、政、企、社、民多方共赢和最大限度利用资源、保护生态的社会效果，为解决二元经济结构问题提供新的方法和思路。

（二）开发性金融在社会民生领域的集约式信用建设

金融具有高负债经营的特点，天生具有"脆弱性"[1]，风险控制是银行的生命线。社会和民生领域的信用风险具有分散性、复杂性的特点，对金融机构的风险管理带来较大挑战。商业银行尽管分支和网点多，但涉及千家万户的民生贷款的高成本和高风险对其业务的可持续性带来较大压力。开发性金融在市场建设的基础上，通过集约化的社会信用共建，探索出风险管理的新模式，为全社会的金

---

① 曾诗鸿：《金融脆弱性理论》，中国金融出版社 2009 年版，第 2 页。

融生态建设做出了有益的尝试。我们以 G 省"小额农贷"案例、国开行"生源地"贷款的风控模式案例，来分析这一模式的特点和有效性。

案例 6-2　开发性金融 G 省"小额农贷"案例

1. 案例背景

G 省贫困问题突出。截至 2014 年 G 省有 600 多万贫困人口，50 余个贫困县。同时，G 省的自然条件独特，适合发展特色农业产业。国开行在 G 省 21 个县设计了特色"小额农贷"产品，带动贫困户脱贫致富。

2. 融资运行模式

（1）银政联动，设计整体方案。国开行 G 省分行与 G 省扶贫办共同出台了《关于做好产业扶贫合作项目的通知》，通过扶贫资金引导和国开行融资支持，推动各地优势特色产业的发展。（2）搭建机制，运用"四台一会"模式支持产业发展[*]。各县根据自己的优势农业产业，设立专门性政府融资平台，政府政策性担保公司（或政府采取其他担保方式）统一担保、统一向国开行借款，由农业产业主管部门统一组织管理，地方政府成立贷款民主审议委员会并建立相关审议制度，将"开行小额农贷"业务纳入政府年度考核体系和联合监督检查体系，确保贷款资金管理的有效性。特色农业产业链上的贫困户、合作社以及中小企业分批次用款并按时还款，在这一过程中，贷款信息通过村务公开栏的公司平台进行公示，并由产业中的信用协会进行民主监督，以解决信息不对称的问题，保证贷款安全。同时，国开行 G 省分行还编写了《开发性金融支持 G 省兴业产业开发扶贫小额贷款宣传手册》以及《业务操作手册》，在各合作县针对合作机构、乡村干部、用款贫困户、合作社以及企业代表进行培训，每次培训会议规模都超过 150 人。

3. 运行效果

截至 2016 年上半年，在此机制下发放贷款近 20 亿元人民币，贷款余额近 12 亿元，并保证了 100% 的本息回收率。通过贷款，支持了当地特色产业发展，直接惠及农户近 12000 户，带动 27 万户贫困户走向脱贫增收。

注：*四台一会，指管理平台、统贷平台、担保平台、公示平台和中小企业信用协会。

（资料来源：笔者调研。）

评析：

G 省"小额农贷"机制是开发性金融"人人享有平等融资权"

的金融社会化理念的集中体现。银行与政府和社会的合作机制建设是这一模式得以运行的关键。"小额农贷"机制解决了用款主体信用分散、管控难度大的问题。对分散的信用进行整合,实现了信用的集约式管理,是开发性金融资源在社会领域配置的有效模式。以产业扶贫的方式实现脱贫,也体现了开发性金融对产业金融和民生金融的结合作用。从效果上看,开发性金融扶贫促进了社会信用建设和金融生态环境的改善。除了 G 省小额农贷模式,开发性金融在实践中还创造了扶贫实践中,国开行因地制宜,开创了多种扶贫支农新模式:如天津的"蓟县模式",通过"政府组织(统一借款、统一管理、统一担保)+农民互保+融资推动",把政府的组织、管理优势和担保能力与农民自身协同担保能力结合,构建信用结构,打通支农融资瓶颈。这些模式有一个共同特点,就是把政府、企业、社会组织和个人的信用整合起来,发挥各个主体的专长和优势,形成产业循环和市场循环,这个过程,是金融社会化的过程,极大带动了全社会的信用建设,提高了社会建设水平。

案例 6-3　开发性金融"生源地"助学贷款不良贷款率为零

1. 案例背景

贫困学生就学是关系教育公平和民族未来的重大民生问题,各国高度重视,但风险控制难度较大。如美国 1988 年开始实行了"联邦担保助学贷款"制度(guaranteed student loan,GSL)。由于贷款机构过度逐利,联邦补贴负担过重,加上学校借机上涨学费,导致违约率高。我国助学贷款制度始于1999 年,最初以商业银行承做,由于助学贷款金额小收益低风险防控难度大,商业银行逐渐收紧停办该项业务,该项制度一度面临流产风险。

2. 贷款模式

国开行独创了"生源地"助学贷款模式,该模式的特点是改变原有"校园地"贷款做法,改由委托大学生生源所在地教育主管部门(教育局)办理助学贷款,教育局在办理助学贷款时,要求申贷学生以家庭为单位提出申请,并由村委会和乡镇政府两级盖章证明。这种模式嵌入了村委会、村民和乡镇政府的信用监督,把学生的个人信用、家庭信用、学校信用、政府信用、社会信用糅合在一起,取得了良好的风险控制效果。截至2015 年底,国开行助学贷款已覆盖全国 26 个省（区、市）、2070 个县（区）、2818 所高校，县区覆盖率 71%，高校覆盖率 100%；累计发放助学贷款 879 亿元，支持学生 1524 万人次。

（资料来源：笔者调研；《人民日报》，2016 年 09 月 12 日 13 版。）

因此，根据不同对象和不同业务，开发性金融的风控手段有所差异。但这些手段有一个共同点，就是在业务实践中引入了多个信用主体，发挥不同信用主体的优势，进行多重信用保障，从而起到了分散风险的作用。开发性金融的社会信用共建模式，一方面保障了开发性金融业务的稳健运行，另一方面也具有提高社会整体信用水平的作用。

第三节　优化开发性金融资源社会配置

一、社会民生领域发展依然是我国的短板

我国经济发展取得巨大的成就的同时，社会民生领域里依然存在诸多短板，社会建设和生态建设依然任重道远。突出表现在：（1）环保与生态问题是我国民生和社会事业的头号问题。我国资源环境问题日趋严峻，生态空间遭受持续威胁。截至 2015 年末，78.4% 的城市空气质量未达标。由于生态环保方面的问题以及人为因素的影响，食品安全问题是长期困扰[①]。（2）教育和人才培养与我国经济社会发展对人才的要求还不相称。优化人才培养结构，加快培养各类紧缺人才依然任重道远。基本公共教育服务体系亟待完善，"入学难""入托难"的问题依然突出。（3）医疗卫生领域的改革与发展任重道远。优质医疗资源匮乏、医疗服务负担重等问题成为民生之痛。（4）扶贫任务依然艰巨，截至 2015 年末，我国仍有 5575 万农村贫困人口[②]。

补足社会民生领域的短板，实现社会民生目标，需要政府和市场的共同努力。开发性金融作为政府与市场之间的金融资源配置方式，其集约式的开发和风险控制理念和方法，能够在社会民生领域中发挥更大的、不同于商业性金融机构

---

① 我国《全国生态保护"十三五"规划纲要》和《国务院"十三五"生态环境保护规划》纲要。
② 《2015 年国民经济和社会发展统计公报》。

的作用。继续深化和优化开发性金融资源在社会民生领域里的配置，我们认为，需要发挥开发性的优势，实现两个深化：一是由普惠金融向民生金融深化；二是由绿色金融向生态金融深化。

二、由普惠金融向民生金融深化

开发性金融支持民生领域的发展，具有普惠金融的某些特征。普惠金融在世界范围内，其兴起源于金融排斥的存在，旨在提高金融的可得性，为弱势群体提供更多金融服务①。本质上说，普惠金融是弥补市场失灵而兴起的一种金融理念，近年来被我国金融机构和政府逐渐接受。

我们认为，普惠金融是金融覆盖面即"广度"的问题，是所有金融机构的基本社会责任。对于开发性金融来说，需要在坚持普惠金融基本价值观的基础上，着眼于金融服务社会和民生领域的"深度"开发问题，大力发展民生金融。一方面，源于开发性金融具有从根本上改善我国民生状况的使命；另一方面，开发性金融支持我国社会民生领域的成功实践，也颠覆了一种界定财政与开发性金融之间关系的普遍观念：即政府财政应该投入公共物品，而开发性金融投入基础设施等准公共物品。开发性金融支持社会民生领域的成功案例表明，与社会民生相关的公共物品和公共服务领域，同样可以用金融的方式加以投入。开发性金融支持社会和民生领域，具有突破财政能力瓶颈的优势，能够实现社会民生的跨越式改善，迅速补齐民生短板。同时，开发性金融在社会领域的融资，把金融的责权利约束机制引入公共产品和公共服务供给领域，相对于财政的"输血"式资金供给，能够增强该领域的造血功能，从而又能够促进社会民生领域的可持续发展。因此，开发性金融具有依托国家信用的强大的资金动员能力、资源配置能力和制度创新能力，能够对我国市场失灵和"二元经济结构"演变过程中的负外部性进行全面、系统性的纠偏，直接服务于我国的社会建设和民生改善目标。因此，需要在普惠金融的基础上，着力发展民生金融，并推动建立我国民生领域的开发性金融支持体系。

三、由绿色金融向生态金融深化

近年来，随着我国环境和污染问题的日益突出，金融机构加大了对环保和节

---

① 郭田勇等：《普惠金融的国际比较研究——基于银行服务的视角》，载《国际金融研究》2015 年第 2 期，第 55 页。

能领域的投入，我国金融主管部门也提出了构建绿色金融体系的目标。根据人民银行等的定义，绿色金融是指为支持环境改善、应对气候变化和资源节约高效利用的经济活动所提供的金融服务①。由此可见，绿色金融的主要现实目标是两个：一个是环保（主要是指减排），另一个是节能。除绿色金融概念，也有人提出了生态金融的概念（邓瑛，2002；赵华林，2015），但从他们对生态金融的内涵界定来看，与绿色金融基本是同义的。

党的十八大提出了生态文明建设任务，要求从根本上扭转生态环境恶化并未为全球生态安全做出贡献②。由此可见，生态文明建设是一个全局性、战略性、系统性、长期性的工程，是关系中华民族乃至人类长远发展的重大课题。以减排和节能为目标的绿色发展是生态文明建设的一部分和起码要求，绿色标准是包括商业性金融机构在内的金融主体所遵循的一般性标准。绿色金融体系的构建是金融在我国生态文明建设的阶段性目标。开发性金融应该着眼于生态文明建设的全局，谋划金融支持生态的长久之道。

开发性金融全面支持生态文明建设，我们认为有四个层次的内容：保护生态、恢复生态、利用生态和发展生态。保护生态，更多的是绿色金融的任务。即通过减少污染物的排放和节约能源，降低环境载荷。恢复生态，是指对已经遭到破坏和污染的空间和环境进行修复，如河道的疏浚、污染水体的治理，等等。利用生态，是利用生态条件，推动产业转型升级。如我国的东北地区，适合利用当地良好的生态和自然环境，通过金融的支持，发展林下经济、旅游经济、度假经济以及有机农业和畜牧业。发展生态，是最大限度改善人类居住的生态环境，如城市空间的生态环境。借鉴新加坡的经验，城市雨水收集系统，节约水资源，改善城市循环条件和质量；在城市的规划中，通过支持合理的布局，增加绿地面积，也属于发展生态。

综上所述，开发性金融在社会和民生领域里资源配置的优化和深化，就是在坚持金融机构基本的社会责任价值理念，如普惠金融和绿色金融的基础上，更进一步，用开发性的方法全面系统地参与和支持我国的社会建设和生态文明建设，夯实我国经济可持续发展的基础。

---

① 人民银行《关于构建绿色金融体系的指导意见》。
② 参见《坚定不移沿着中国特色社会主义道路前进，为全面建成小康社会而奋斗》。

第七章

开发性金融资源国际配置

第一节 开发性金融机构的国际化发展趋势

一、开发性金融机构是国际经济竞争与融合的产物

纵观第二次世界大战以后的全球金融发展史，开发性金融机构天生地就与国际化联系在一起。世界银行作为最早的国际间开发性金融机构，是美国出于实现全球战略和刺激各国经济复苏的需要而倡议成立的。世界银行与马歇尔计划，共同开启和主导了战后美国以金融手段影响亚非拉国家和欧洲发展，实现全球利益的总布局。继世界银行之后，美国为了把全球利益布局引向纵深，20 世纪 50 年代末到 90 年代，又先后主导成立了美洲开发银行（1959 年）、亚洲开发银行（1966 年）和欧洲复兴开发银行（1991 年）。这些多边开发性金融机构，通过发展援助贷款，刺激了战后经济的复苏和区域、国际经济的一体化进程。在发达国家首倡的多边开发性金融机构的影响和示范下，出于自身发展和地区共同发展的需求，亚非拉地区的发展中大国也纷纷牵头成立多边开发性金融机构。随着中国实力的增强，中国倡导组建了亚洲基础设施投资银行以及金砖新开发银行，国际开发性金融机构的体系逐步建立起来。

在国际多边开发性金融机构的影响和示范下，第二次世界大战后国际环境整体缓和和国际经济一体化，催生了各国尤其是参战国和发展中国家的发展需求，纷纷成立国别开发性金融机构。如德国出于承接"马歇尔计划"援助的需要，成立了复兴信贷银行①。我国的国开行成立初期，也承接了原来由中国投资银行开

---

① 中国开发性金融促进会：《全球开发性金融报告 2015》，中信出版集团 2016 年版，第 50 页。

展的世行及亚行等国际机构支援资金的转贷业务。各国成立开发性金融机构的最初目的，也是着眼于振兴本国的产业，提高产业的国际竞争力。如韩日两国的半导体、汽车、船舶等优势领域，最初都是在两国开发性金融机构的支持下逐步发展壮大的。韩国和日本企业在海外市场拓展中，也得到了本国开发性金融机构的系统性支持①。俄罗斯开发银行成立较晚，背景也是应对全球化背景下国际竞争与合作的需要，支持本国的高科技产业包括优势军工产业的发展与出口，吸引外资，促进本国的基础设施发展和地区经济平衡②。

因此，开发性金融机构的成立，源起于国际经济一体化背景下的发达国家的扩张需求和发展中国家的发展需求。它们的成立，也提升了各国和地区参与国际竞争的能力，使经济和金融全球化程度进一步加深。

二、向国际化纵深发展是一国开发性金融机构的必然选项

近20年来，全球化是世界最大的主题。跨国公司和公司跨国经营，带来了巨大的资金、技术和商业渗透，如今国际贸易总量已经接近全球所有产品生产总值的1/3。信息技术的发展，更加促进了全球生产和贸易一体化。与此同时，金融和资本市场全球化的趋势也明显加快。过去一段时间，全球资本增长一直高于全世界 GDP 的增长，也比世界贸易与全球储蓄增长更快③。弗雷得利克·米什金（2006）指出，经济的全球化还可以采取另外一种形式：资本的跨国流动和金融企业的跨国服务，这被称为金融全球化。那些能够快速增长的国家，也是那些有能力利用全球化机遇的国家④。美国前商务部副部长罗伯特·夏皮罗（2009）在《下一轮全球趋势》一书中指出，智力资本与政治资本将会成为大多数大型企业需要的关键性稀缺资源，不过在全球化的当前阶段，企业重点关注的仍然是金融资本。全球资本的市场运作是当代全球化的开路先锋。表现为全球金融资产的增长数倍于 GDP 增长。虽然发展中国家如中国、印度是资本全球化的最大受益者，但全世界绝大部分金融资产仍然掌握在西方金融机构手上。全球资本规模大幅增长，使得对各个国家、各个企业而言，资本不再稀缺⑤。因此，金融与资本市场是全球化时代国家参与国际竞争的重要手段和舞台，发达国家的经验也表明，金

---

① 国家开发银行政策研究室：《开发性金融热词》，人民日报出版社，第247、249 页。

② 潘成龙：《解析俄罗斯开发与对外经济银行的建立与实践》，载《俄罗斯研究》2013 年第4 期，第132 页。

③ ［美］罗伯特·夏皮罗：《下一轮全球趋势》，刘纯毅译，中信出版社2009 年版，第134 页。

④ ［美］弗雷得利克·米什金：《下一轮伟大的全球化——金融体系与落后国家的发展》，姜世明译，中信出版社2007 年版，第5 页、214 页。

⑤ ［美］罗伯特·夏皮罗：《下一轮全球趋势》，刘纯毅译，中信出版社2009 年版，第131～136 页。

融是一国的核心竞争力。

经济和金融全球化的背景下，一国开发性金融机构要想在国际金融市场上发挥影响力，促进企业深度融入国际市场，必然要具备全球化的视野和在全球、至少在区域内发挥影响、配置资源的能力。例如德国复兴信贷银行在全球化背景下，加快了国际经营的力度。2015财年，德国复兴信贷银行提供的793亿欧元投融资规模中，有279亿欧元用于国际业务，国际业务投入占比35%。德国复兴信贷银行把全球化作为2015年的中心议题，重点关注"全球化与科技进步""全球气候变化与环境"领域里的投融资需求，支持本国公司大力开拓非洲欠发达国家市场①。

全球化发展到今天也面临着诸多的困境。一是2008年以后的金融危机使各国深受其害，并重新反思金融全球化的后果，甚至一些发达国家内部，如英国和美国，出现了逆全球化的趋势。这反映了前期主要由发达国家消费需求带动的世界经济的发展格局，从本质上具有很大的局限性。从长期看，发达国家人口少，对于全球经济发展的带动作用将越来越有限。与之相比，虽然新兴市场国家在金融危机后深受国际资本流动之害，一些国家的经济发展失速，但从长远看，这些国家依然是世界经济发展的最大的动力源泉。新兴市场国家的基础设施发展潜力依然巨大，产业升级的潜力尚待开发，消费潜力也依然巨大。因此，发展中国家的投资和消费需求依然迫切，以发展中国家为中心和动力的新一轮全球化势能还在集聚和酝酿之中。这是各国开发性金融机构走向国际化的新要求，也是新动力。

三、开发性金融深度国际化是中国经济发展的长远要求

中国是全球化的重要参与国，也是新时期全球化动能的提供者。改革开放以来，我国逐步深入参与全球一体化进程。2000年中国开始实施"走出去"战略，标志着中国构建开放型经济新体制的开始，也标志着全球最大的发展中国家以独立的姿态加入世界全球化进程。加入世界贸易组织（WTO）以后，我国提出要加快实施"走出去"发展战略。随着企业走出去的步伐加快，我国银行业开始国际化布局。国开行走在了中国银行业走出去的最前列，从国际业务起步的2005年底到2006年底，共向海外派出20余个工作团队，截至2015年，国开行与世界100多个国家建立并保持了合作关系，2015年底，海外业务贷款资产存量规模

---

① 资料来源：《开发性金融国际观察48》，中国开发性金融促进会公众号，2016年11月8日。

达到 2760 亿美元①，多年来保持着国内同业领先的地位。

国开行成立后，一直聚焦于国内重大项目建设，没有开展国际业务的机构资源和经验积累；相比作为政策性银行的进出口银行，没有支持海外投资和贸易的丰富经验。其走出去进行海外资源配置的动因是什么呢？我们认为，促使中国开发性金融走出去并迅速壮大发展的动力有以下几个方面。

第一，开发性金融的首要属性是工具性，既是国家政策的工具，也是实现国家竞争力的工具，必然要在"走出去"过程中走在前列，发挥先导作用。开发性金融机构被赋予国家信用，在国际资源配置中，能够体现国家意志，代表国家进行对外金融合作，取得所在国政府的信任。政府的信用增进，客观上能够降低国际业务的信用风险，降低单纯依靠机构和市场进行风险控制所产生的交易成本。此外开发性金融机构把"规划先行"的理念和方法运用到国际业务实践中，也能够起到深化合作关系，控制风险的作用。与之相比，我国的商业性金融机构由于没有国家主权信用的支持，并受制于机构、产品和业务特点的限制，相对不具备开发性金融机构的大额资金调动和配置能力，因而没有在我国的金融资源国际配置中发挥主导作用。但是开发性金融的大规模国际合作，无疑也对我国商业性金融机构的发展带来了巨大的业务空间。因此，特殊的性质和使命是开发性金融迈向国际化的根本动因，而国家的信用支撑是其在国际市场上进行资源配置的必要条件。

第二，开发性金融的基本使命是支持国家的产业发展和结构升级，国开行多年的支持"两基一支"产业的金融实践，决定了其对国家产业发展和经济发展的结构性问题最为关切和敏感。随着我国从建设阶段向工业化阶段过渡，我国制造业发展领先全球。在国内产能相对过剩以及资源和原材料严重依赖国外的背景下，打开国际销售渠道，获得更加充足的资源和原材料来源，同时利用国外前沿技术，提高技术水平和生产效率，是我国产业发展和升级的必由之路，这也是我国企业走出去的基本动力之一。作为国家的金融工具，为优势产业和企业的海外拓展提供支持，服务我国产业升级是开发性金融的使命之一。目前，我国 GDP 超过 10 万亿美元，经济总量世界第二，外汇储备全球领先。同时，相比欧美发达国家，我国经济对外依存度高，油气、矿产、半导体等资源和产品的供应依然受制于人，经济存在着潜在的脆弱性。同时经过多年的发展，我国形成了一些优势的产能，有了对外产能合作的能力和需要。这两个方面都要求我国开发性金融机构走出去，在全球范围内构建中国经济的支持体系，拓展向外发展的空间。

美国与欧洲各国等发达国家在国际经济一体化的过程中，培育壮大了一大批

---

① 国家开发银行：《国家开发银行年报 2015》，人大经济论坛，2018 年 7 月 5 日。

跨国公司，这些跨国公司拥有全球化的资源配置能力、产业整合能力和市场拓展能力，成为发达国家综合实力的重要组成部分。强大的金融资源，包括金融机构和金融市场的支持，是跨国公司得以成长壮大的必要条件。经过发展，我国积累了较为强大的金融实力，截至2015年末，我国仅银行业总资产规模就达到199万亿元①。如前所述，开发性金融具有在国家信用支持下，在支持我国的产业、区域和民生发展等方面具有强大的资金动员和资源配置能力，同样，在国际业务中，开发性金融也可以发挥资金动员力和引导力的优势，支持我国企业走出去并成长壮大为我国的跨国企业，从而增强我国经济的国际竞争力，促进我国的产业升级。可以说，通过金融参与国际合作，促进我国的产业升级，是开发性金融资源配置的根本目标。

第三，中国开发性金融走出去进行国际资源配置，能够促进我国外汇资产的保值升值。我国制造业的发展和出口导向型经济发展模式，使得国家积累了大量的国际储备，截至2015年末，我国外汇储备达到3.33万亿美元，美国债券持有量为1.25万亿美元②，美国债券持有数额占外汇储备的37%。大量持有美债，一是使我的外储价值受制于美元的波动，二是美债收益率相对较低。而通过开发性金融的国际投融资业务，有利于我国外汇储备的多元化配置，也可以实现信贷和企业投资的双重收益。2015年7月，我国外汇储备分别向国开行注资480亿美元，反映了我国外储多元化配置和实现保值增值的需求，也大大增强了开发性金融国际资源配置的能力。

第四，发展中国家客观上存在着吸收国际投融资资金、加快国家建设的需要。钱纳里和斯特劳特（1956）的两缺口分析公式：$I-S=M-X$（其中：I代表投资，S代表储蓄，M代表进口，X代表出口）表明，发展中国家的特点是，或者国内的储蓄性资金不足，或者外来投资资金匮乏，不能满足建设和发展的需要③。因此，对于发展中国家来说，吸收国际借贷资金，是一条发展经济的捷径。我国经过多年高速发展，积累了巨额的国内储蓄，外汇储备也达到一定规模，通过开发性金融，进行资本的跨国输出，特别是参与新兴市场国家和欠发达国家的建设与发展，在经济学意义上，也具有合理性和必要性。

综上所述，中国开发性金融"走出去"，在国际范围内的资源配置，符合国际开发性金融机构产生和发展的一般规律，是经济和金融全球化发展的必然，是我国参与国际合作和竞争、进行产业结构升级的需要。开发性金融机构的性质和优势，也决定了其能够在我国参与全球竞争与互动中发挥先行先导和支撑性作用。

① 中国人民银行：《中国金融稳定报告（2016）》，中国金融出版社2016年版，第31页。
② 《中国金融稳定报告2016》和美国财政部《国际资本流动报告》（2016年2月16日发布）。
③ 彭刚等：《发展经济学》，中国人民大学出版社2007年版，第229页。

第二节　开发性金融资源国际配置的实践

一、开发性金融资源国际配置的总量和趋势分析

自 2005 年国开行国际业务起步以来，外汇贷款余额不断增长。高于工商银行、农业银行、中国人民银行、建设银行等金融机构。截至 2015 年末，国开行外汇贷款余额 2760 亿美元，连续 6 年在同业机构中保持第一（见图 7 – 1、图 7 – 2）。

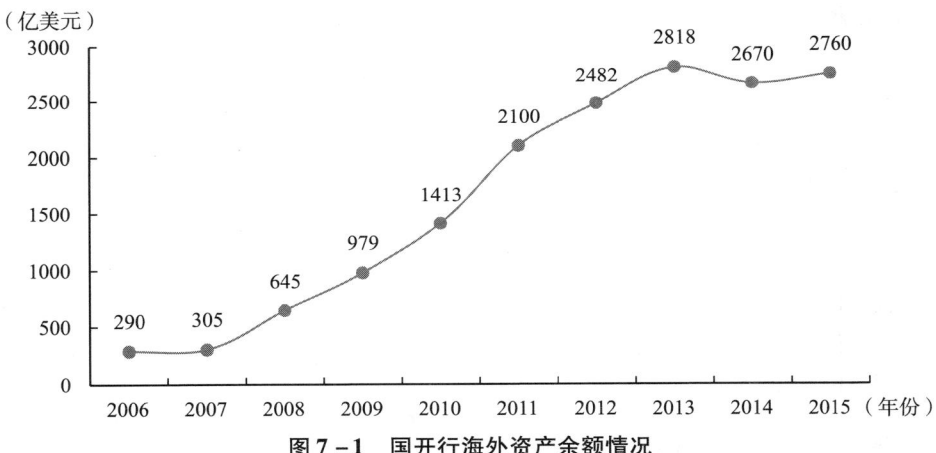

图 7 – 1　国开行海外资产余额情况

资料来源：国开行年报。

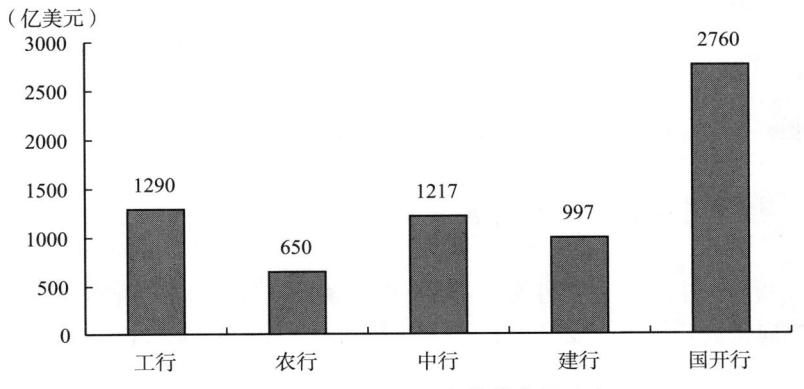

图 7 – 2　各大行国际业务贷款余额对比

资料来源：2015 年各行年报。

开发性金融资源的国际配置，带动了中国对外直接投资。趋势对比表明，2006 年以来，开发性金融机构的海外资产规模与我国对外直接投资存量呈现相对同步的增长态势（见图 7 - 3）。国开行外汇贷款与中国对外直接投资的平均比例为 38%，2011 年比例达到 49%。同时，虽然两者之间均呈现增长态势，但两条曲线之间的差距越来越大，这一方面可以解释为在初期，中国企业的对外投资活动和国开行的融资支持，表现出比较明显的互相带动关系，随着中国企业对外投资活跃度的上升，由于国开行机构、人员和规模的局限，两者之间的关系区域减弱，开发性金融未来的发展既面临着较大的增长空间，也面临一定的发展局限。可能的解决办法是国开行加快海外布局力度，深挖国际业务发展空间。另一方面也表明，在国开行的引导和带动下，我国对外投融资资源的供给主体越来越多，规模越来越大。

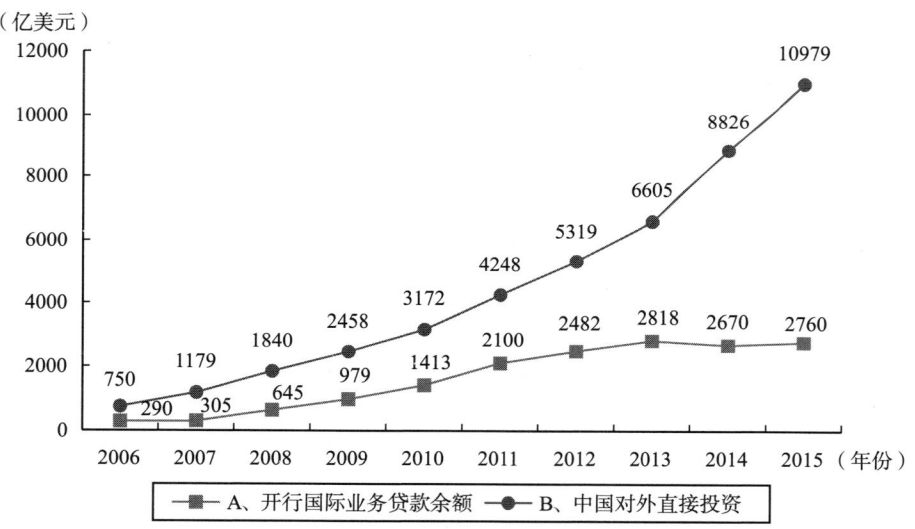

图 7 - 3 国开行国际业务贷款余额与中国对外直接投资对比

资料来源：2006 ~ 2015 年国开行年报，Wind.

二、开发性金融资源国际配置的产业结构

从产业分布来看，开发性金融资源的国际配置与在本国的配置有所区别，其主要的方向是能矿资源、交通基础设施、制造业和金融同业合作（见图 7 - 4）。

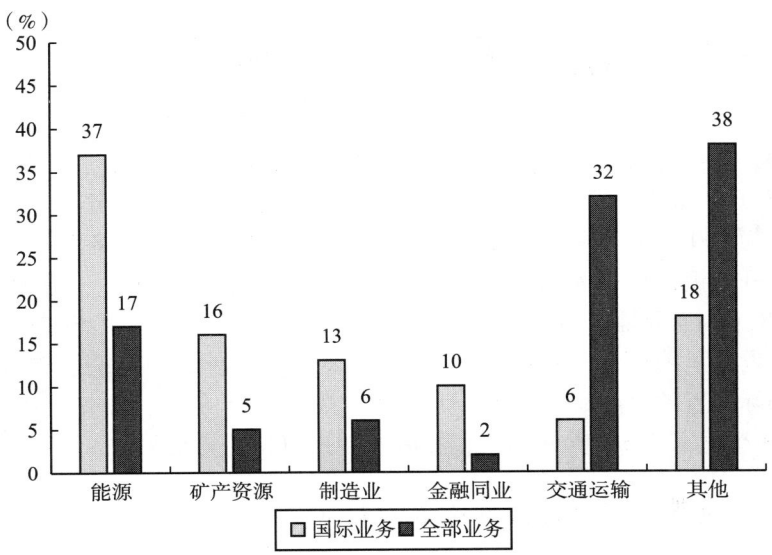

图7-4 国开行国际、国内行业贷款余额比例对比

资料来源：国开行年报，Wind。

由图7-4可见：（1）国开行国际业务中，能源行业占比最大，这个比例与能源行业占全部贷款余额的比例相称，但占比位次高于后者。（2）矿产资源行业的外汇资产余额占全部外汇资产的比例，高于该行业资产余额占全部资产余额的比例，占比位次也远高于后者，表明国开行的海外资源配置向资源类项目的倾斜。（3）制造业外汇贷款占比与制造业在全部余额中的占比较为一致，但占比位次高于后者。（4）交通运输业的占比明显低于该行业在全部余额中的占比，占比位次大幅低于在全部余额中的占比位次。（5）金融同业贷款占比高于该行业在全部贷款余额中的比例，位次也高于后者。

上述表明，国开行在国际业务中，把能源资源开发和制造业的国际合作作为首要发力方向，这与我国的海外产业合作重点方向是一致的。以俄罗斯为例，据相关统计，国开行在俄罗斯的贷款余额620亿元，其中一半以上集中在石油和天然气领域。俄罗斯每年向我国出口原油中，有3000万吨是在国开行的贷款支持下实现的[①]。同时，在对外交通基础设施建设方面，远低于该行业在全部贷款余额中的占比，这一方面与国外交通基础设施建设项目周期长、投资回收难度大、投资主体难落实、风险度高有关；另一方面也反映出国开行海外基础设施融资尚处在起步阶段。开发性金融在海外基础设施建设合作方面，发挥作用的潜力巨大。

---

① 中国石油新闻中心，http://news.cnpc.com.cn/system/2015/04/08/001536149.shtml。

三、开发性金融资源国际配置的区域布局

关于开发性金融资源国际配置的区域分布，未见有公开数据发布。从公开信息披露中，大致可以看出，国开行国际业务贷款余额主要集中在"一带一路"地区。截至 2018 年末，国开行在"一带一路"沿线国家国际业务余额 1059 亿美元，累计为 600 余个"一带一路"项目提供融资超过 1900 亿美元[①]。其次为拉美地区，开发银行自 2006 年进入拉美市场以来，截止到 2018 年一季度末，累计向拉美 18 个国家和地区逾 200 个项目提供超过 1000 亿美元的融资支持[②]。国开行在拉美设有里约热内卢和加拉加斯两个代表处，也侧面反映出拉美是国开行信贷资源国际配置的重点地区。然后为非洲，截至 2018 年第三季度，国开行累计向非洲 43 个国家近 500 个项目提供投融资超过 500 亿美元[③]。

四、开发性金融资源国际配置的模式

开发性金融资源的国际配置，针对不同的对象和内容，采取了多种配置模式。以下通过相关案例，分析几个有代表性的模式。

（一）PPP 下的项目融资模式

项目融资是国开行国际化资源配置中的基本模式之一。这一模式通常由专门成立的项目公司（SPV）进行借款，以项目运作产生的收入用于偿债，广泛应用于投资额度大、回收周期长的基础设施建设项目融资。国开行通过这一模式，成功支持了一些中资企业参与的大型基础设施建设项目，既带动了中国产品、劳务、技术和标准的国际化，又支持了合作国经济社会的发展，实现了多赢的结果。牙买加高速公路项目是其中一个典型的案例。

案例 7 - 1   开发性金融支持中国 GW 公司参与牙买加高速公路建设

1. 案例背景

牙买加位于加勒比海西北部，面积 10991 平方公里，人口 274 万人（2013 年），首都金斯顿。其西北海岸是世界著名的旅游区，近年来，随着私

---

① 国开行已完成 2607 亿元"一带一路"专项贷款，中国政府网，http：//www.gov.cn/xinwen/2019 - 04/24/content_5385612.htm。

② 第四届中拉基础设施合作论坛为促进中拉经贸合作献言献策，中国发展网，http：// www.chinadevelopment.com.cn/news/zj/2018/06/1283396.shtml。

③ 国开行累计为非洲国家提供投融资超过 500 亿美元，中国政府网，http：//www.gov.cn/xinwen/ 2018 - 09/20/content_5324089.htm。

人投资增加，商业贸易发展迅速，同时，与首都金斯顿之间的南北通道交通压力增加。现有公路等级低，车况差，交通拥堵并经常因洪灾中断，严重制约牙买加经济发展。为改善南北交通状况，牙买加政府1999年启动了公路2000项目（简称H2K项目）规划，在首都金斯顿与主要人口集中城市之间建设安全快速通道，促进沿线土地开发，并将其作为政府提升基础设施和振兴经济的长期计划。

H2K项目包含两条高速公路，第一条（Kingston to Sandy Bay）由法国Bouyues公司承建，已经建成并投入运营。2007年Bouyues公司中标第二条（Kinston to Ochirios）公路，但由于地勘工作不到位，项目严重超预算，因追加投资问题与业主和牙买加政府谈判破裂。2011年，中国GW公司就项目建设运营与牙买加政府达成一致。2012年，中国GW公司与牙买加政府、牙买加高速公路运营建设公司（NROCC）签署特许经营权协议，获准取代Bouyues公司以BOT方式承建牙买加高速公路，并以项目公司名义取得项目50年特许经营权。

2. 项目相关方

（1）牙买加政府。牙买加政府是项目的发起人，政府为改善南北交通状况，发展经济，急于推动项目实施。但牙政府受金融危机影响，债务负担较重，财政状况不佳，政府负债率接近GDP的140%。另外，牙买加政府靠从世界银行、IMF、加勒比开发银行获得贷款，珍视自身信用，但IMF对牙买加债务和主权担保有非常严格的限制，政府财政无力投资，也不可能担保大型公共基础设施项目。

（2）项目业主。项目业主为牙买加高速公路运营建设公司（NROCC），是牙买加政府交通部主管下负责建设运营牙买加境内高速公路的公司。

（3）项目公司（贷款方和运营商）项目借款人、运营商为中国GW公司在巴巴多斯注册成立的控股公司，在牙买加设立的项目公司Jamaica North South Highway Companye Limited。

（4）总承包商。总承包商为中国GW工程公司。

3. 国开行的融资参与

牙买加南北高速公路项目由国开行独家发放贷款。2013年8月，项目公司与国开行签订贷款协议，贷款4亿元人民币，期限20年。具体的信用结构：项目建设期内，由中国GW公司提供担保，贷款人将本项目特许经营权项下车辆通行费、收费权等质押给国开行。牙买加政府授予项目公司50年特许经营权、沿线5平方公里土地开发收益权和一定期限的所得税减免及其他税收优惠。

4. 项目进展情况

2016 年 3 月 13 日，项目顺利完工并投入运营。项目为合作国带来数千个工作岗位，极大改善了当地的交通和物流状况，带动了沿途经济开发，推动了牙买加经济社会快速发展。同时，高速公路的建设，带动了中国原材料、机械设备的出口和人力资源的输出，中国 GW 公司也在牙买加获得了更多商业机会和更大的发展空间。项目对于其他走出去参与海外基建合作中国公司具有良好的示范效应。

（资料来源：笔者调研。）

评析：

本项目是开发性金融支持中国海外基础设施合作的典型案例，体现了国开行业务的开发性特点。首先，有些国家虽然财力薄弱，但市场的空间和发展的潜力较大，仍然可以与之开展国际信贷合作。其次，有些国家的直接担保能力有限，但政府诚信度高，可以提供各项优惠措施，这些优惠措施也可以当作政府进行信用注入的形式，长期看可以降低项目运行成本，稳定项目收益，因而具有信用保障的功能，可以成为开发性金融国际信贷合作的前提条件。最后，中国基建企业在走出去的过程中，通过建设、融资和运营一体化的模式，更能够得到合作国政府的认可，也更容易得到长贷类金融机构的支持。

（二）买方信贷模式

买方信贷也是开发性金融国际资源配置的主要模式之一。该模式的特点是开发性金融在对行业、企业和项目的信用、前景和收益准确判断的情况下，主动承担（设备、技术等）买方风险，通过一定的风险补偿措施，支持中国企业设备和技术的出口。

（三）并购贷款模式

随着综合国力和企业实力的壮大，我国对外投资活动日趋活跃，2015 年对外直接投资总额为 1457 亿美元，位列全球第二[①]。海外并购是实现对外投资的主要方式，通过这种方式，企业可以直接获取全球化所需的技术、品牌、资本与市场，发展成为跨国公司，从而提高在全球价值链上的层次。

---

① 资料来源：《2015 年度中国对外直接投资统计公报》。

（四）同业合作模式

同业合作是开发性金融国际资源配置的主要模式之一。这主要是因为同业的金融机构，尤其是同样有政府背景的同类机构在目标、理念和方法上与国开行相似，与之合作能够迅速达成共识，因为有政府信用支撑，这些结构往往具有良好的信用评级和抗风险能力，因而是开发性金融海外同业合作的主要对象。国开行与这些机构合作的主要方式有：同业授信、货币合作、银团及转贷款等。不仅如此，国开行与合作国的开发性金融机构，在一些区域和跨区域合作框架内，如上合组织、中国东盟对话机制、金砖合作机制，建立了对话、协商与合作联盟。这些机制成为区域合作的金融纽带，不仅起到了支持多边项目和成员方经济发展的作用，还通过制度共商，起到了改善区域经济金融生态和环境的作用。

（五）直接投资模式

在国际化资源配置的过程中，国开行的国际投融资产品也日渐丰富。在传统的外汇信贷业务基础上，国开行先后设立了中非基金、中阿基金、中拉基金、中葡基金、中法中小企业基金等一系列国际化直投平台。这些基金既有双边的投资基金，也有多边的投资基金，覆盖面广，主题性强，运作灵活，促进了中国在亚非拉发展中国家直接投资业务的开展，也促进了中国与欧美发达国家投资领域的合作。更为重要的是，这些共同基金的设立实现了收益共享，风险共担，密切了与合作方的关系。

对于开发性金融资源国际配置的上述模式，这些模式本身，并不是开发性金融的首创，但与开发性金融的大额中长期资金供给特点和"市场、信用和制度"的开发性方法结合起来，起到了"1＋1＞2"的作用。这些模式有一个共同的特点，就是"市场、信用和制度"建设的开发性方法在国际业务中得到充分运用。开发性金融资源的国际配置的客观效果，除了主力中国企业"走出去"以外，更有制度建设的意义：在开发性金融的带动下，以国家为引导，企业为主体，市场为导向，各类金融机构协同参与的中国对外投融资体系正在逐步健全。

第三节　开发性金融资源国际配置的挑战与展望

一、中国开发性金融"走出去"价值观的升华

开发性金融在国际化的资源配置的实践中，不仅支持了我国企业的海外合

作、合作国的经济发展，也实现了自身实力的壮大。同时，也应该看到，当今世界政治经济格局的发展趋势表明，发达国家利用"攫取式"全球战略和路径，越来越不适应全球各国利益平衡和发展需要。以英国脱欧为典型代表的案例，说明发达国家之间在全球化进程中也出现了某种分化。发达国家与发展中国家在国际政治、经济和金融领域共同理念、共同治理、共同行动的需求与日俱增。竞争与融合、分化与共治，交织在一起，成为全球化发展到今天最显著的特征。尽管如此，历史以及国际地缘政治格局和全球分工的格局告诉我们，"南北格局"依然是全球政治与经济格局的主导。发达国家之间的政治、经济和军事利益同盟不会轻易被打破，发达国家也不会轻易放弃在世界市场上的优势地位和既得利益。得益于改革开放政策和正确的国内经济政策与对外战略部署，我国在全球化过程中的经济实力快速攀升。党的十八大以来，中国领导人倡议的"一带一路"设想为中国经济发展创造了新的动力源泉，"一带一路"核心价值观的"五通"[①] 理念辐射力和影响力也日趋扩大。

与此同时，应该看到，我国经济发展的短板依然存在，表现为产业发展的全球竞争优势还不明显，市场和原材料对外依赖度越发加大。由于发展起步较晚，金融体制尚在完善，国际金融的地位较低。中国开发性金融迄今为止的成功的国际化运作，体现了中国经济和金融软实力和发展潜力。开发性金融在国际化过程中，也形成了履行国家使命、服务国家战略尤其是对外经济战略的价值观。作为一国的开发性金融机构，这一价值观有其历史的必然性和合理性，是开发性金融机构"走出去"参与国际竞争与合作的原动力。同时，也应该意识到，随着中国最大的对外投融资合作银行和全球最大的开发性金融机构地位的确立，国开行尚未完全建立与这一地位相适应的、更有包容性的价值体系。建立在一国利益出发点上"国家使命"和"国家战略"原则，尽管有其不可否认的实质性上的合理性，已经不适应全球化视野下的话语体系的要求。从实践上看，也容易使开发性金融的视野和经济行为囿于某些现实的和短期的需要，从而影响和制约其长远发展能力，影响国际金融体系、合作对象国对其的接受度。我国领导人的和平发展思想，特别是"人类命运共同体"的理念代表了当今世界发展的最高理想。作为崛起中的大国的开发性金融机构，以这一理念为出发点和依据，谋划自身的发展，将为开发性金融的国际化发展带来不竭的动力。

为此，我们认为，中国开发性金融的国际化发展理念，应该在现有的"国家使命"和"国家战略"基础上进行升华，更多体现与中国领导人的世界观和外交思想相适应的包容性、共享性和开放性。这一价值观可以定位为"创造共同发

---

① 即"政策沟通、设施联通、贸易畅通、资金融通和民心相通"。

展需求，提高全球共同福祉"。这一理念，融合了发展经济学和福利经济学的理念，是开发性金融机构"增强国力、改善民生"的国内目标的延伸，也是开发性金融产业金融和民生金融的国际化延伸，有望为中国开发性金融的国际化发展带来更加持久的动力。

升华了的"创造共同发展需求，提高全球共同福祉"的新的价值观，意味着开发性金融在国际化发展的过程中，树立更加广阔的、全球化的资源配置观。意味着开发性金融在国际化的过程中，要着眼于利用和动员全球范围内的政府资源、市场资源、产业资源、信用资源、金融资源和社会资源。广泛与政府和社会组织之间开展政策协同和规划合作，致力于促进中国与全球产业链的融合与共同成长，促进区域和全球共同市场的形成，引导和促进中国金融资源更多地与世界接轨实现共赢，促进全球金融生态的改善，推动形成可持续发展的、普惠的全球金融生态。

当然，中国开发性金融需要把高远目标和现实目标结合起来。在现实路径的选择上，还需要立足南南合作，发展南北合作。与发展中国家在合作中，以融资为手段，共同促进市场环境的改善、共同促进信用的提升，构造共同的规则、制度和理念体系，促进共同竞争力的提升。与发达国家，要在竞争中需求合作，最大限度寻找共识。发达国家主导的多边和国别开发性金融机构，在发展理念和目标上，都不同程度地把促进可持续发展、减少贫困、提高人民生活水平、促进市场化进程作为自己的理念和目标，从理念契合的角度，破除"门户之见"，找准合作的切入点，进行资源整合，将为开发性金融带来更多的发展机遇和空间。

与此同时，开发性金融在国际资源配置的过程中，也要牢固树立好机构可持续发展的底线，应对好国际化过程中的各种风险。

二、开发性金融资源国际配置的挑战

（一）政治风险

随着全球经济发展不平衡的加剧，以及奉行霸权主义的全球大国对外政策的多变，加上各国国内政治的复杂性，政治风险是开发性金融国际业务面临的首要风险。政治风险主要包括地缘政治风险和国内政治风险。近年来发生的一系列地缘政治事件，如乌克兰危机以及非洲、南美、东南亚各国因政权更替引发的国内危机，都对开发性金融的国际业务构成严峻挑战，直接威胁到海外项目进而信贷资产的安全性，尤其是开发性金融的海外信贷资产一般带有大额中长期的性质，风险敞口大，期限长，既是中国出口信用保险提供保险，一旦出风险事件，对国家利益都会造成不可避免的损失。政治风险是开发性金融国际资源配置的首要风险。

（二）市场风险

市场风险是开发性金融国际资源配置的主要风险之一。经济周期是现代经济发展中的普遍现象，随着全球化进程的加速，经济周期向全球化扩散，经济周期引发经济金融危机，从而引起大宗商品价值的波动。与此同时，技术进步、世界范围内的产业竞争，也给开发性金融支持的海外项目的现金流和收益带来考验。如2008年金融危机前后投入的一些能源资源类项目，由于金融危机后原材料和大宗商品价格的波动，直接对项目的收益带来影响，引起不良贷款的暴露，给我国金融机构国际业务经营的信心带来打击。再如汇率风险，由于开发性金融国际业务涉及的主要是外汇贷款，外汇汇率的波动直接影响开发性金融的筹资成本，而且直接影响开发性金融的市场利润。如根据《国家开发银行年报》公布的数据可知，由于汇率市场的波动，国开行2013年、2014年外汇贷款的汇兑损失分别为235亿元和48亿元人民币，而2015年因美元升值带来的外汇资产的汇兑收益为563亿元。这些在一定程度上反映了外汇贷款会带来收益的不稳定性，对于国开行的国内外资产配置构成挑战。一个可能的解决办法是逐步扩大海外人民币贷款的规模。国开行在境外人民币贷款方面做了积极的尝试并取得进展。截至2015年，国开行海外人民币贷款为690亿元，占所有海外业务贷款的3%。如何扩大境外人民币贷款规模，促进人民币的国际化还有巨大的提升空间，也是一个值得深入探讨的问题。

（三）信用风险

信用风险包括信用主体风险和信用结构风险，信用风险与市场风险可以伴随发生，也可能单独发生。在国际合作业务中，由于对交易对手的背景和信用情况缺少充分的信息，因交易对手的单方面违约行为，造成项目的失败和贷款资产的损失。如在2011年，中国建筑带资参与建设银行、中国进出口银行提供信贷融资的巴哈马度假酒店项目，由于项目当地控股股东的违约退出，无法按期完工，造成项目陷入僵局，给中国企业投资和贷款资产带来大额的风险敞口。

此外，开发性金融需要应对的风险是多种多样的，还有法律风险、操作风险等。值得一提的是，以上风险往往不一定单独存在，而是互相交织在一起，互为因果，互相影响，更加增加了开发性金融走出去的复杂性。

三、开发性金融资源国际配置的风险应对

应对国际化资源配置中的各类风险和挑战，最基本的原则是坚持"市场、信用和制度"三项建设的核心机制，加强市场分析研究，坚持市场化运作，同时选择合适的信用主体，构建稳健的信用保障机制，并充分运用法律和制度保障权益。除此之外，我们认为，应该借鉴国际开发性金融机构的经验，在以下几个方面加强努力。

（一）坚持规划先行，形成政策合力

规划先行是开发性金融的重要方法和优势。国际业务由于面临上述各类风险和挑战，更加复杂，因而系统性的规划合作必不可少。近年来，国开行开展了一系列的国别规划和跨国规划，特别是围绕"一带一路"建设，与有关部委合作，参与了中巴经济走廊、孟中印缅经济走廊等经济走廊规划，并围绕基础设施互联互通、产业投资、金融合作做了相关的产业规划，打下了良好的基础。未来，随着国际业务的深入开展尤其是深度参与"一带一路"建设，开发性金融应该更加注重从长计议，对于与合作国、交易对手和国际组织开展长期规划合作，通过规划，综合考虑经济、社会、人文、外交、法律、金融等各方面的影响，充分估计可能出现的变化和遇到的困难，形成有效对策，为具体实施的项目提供有效的安全保障。

（二）坚持培训先导，塑造理念共识

交易成本经济学认为，信任能够最大限度降低交易成本。开发性金融的国际资源配置面临的各种风险中，由于互信机制不健全是关键的风险形成因素。通过培训和知识共享等手段，打造互信的理念基础和制度基础，是防范风险和可持续发展的重要方法。组织各类培训计划，进行知识管理，在融资的同时"融智"，也是国际开发性金融机构的建设内容之一。例如，世界银行通过实施"全球知识管理"计划，对发展中国家的整体发展和项目管理提供培训、分析和咨询服务，取得了良好的知识溢出效应，在增强受援国管理能力的同时，有助于控制贷款项目风险。

开发性金融国际业务的合作国大部分是亚非拉发展中国家和欠发达国家，国家治理能力落后是一些国家的共同特征。非洲开发银行早在2004年就启动了治理能力建设项目，通过为非洲国家提供优惠贷款，用于治理能力建设和人力资源

培训项目①。国开行在业务实践中重视培训工作，截至 2015 年底，累计培训上海合作组织、东盟国家业务骨干和专家近 2000 人次，并通过设立奖学金，支持了100 名"一带一路"沿线国家的留学生来华留学②。与此同时，我们认为，国开行的对外培训业务，从形式和内容还有待深入。未来可以通过与高等院校等的强强联合，探讨从开发性金融业务的培训扩展到以培育共同理念，夯实合作基础为目的的，针对发展中国家和欠发达国家政府、企业和金融机构高级管理人员、业务执行人员的不同层次的培训，分享我国在公共管理、经济治理和金融业务等方面的知识和经验，增强这些国家的治理能力和信用能力，从而增强在这些国家合作项目的可持续性。

（三）关注社会民生，夯实发展基础

国情和发展水平差异，决定了全球各开发性金融机构的任务不尽相同，但是促进经济社会的可持续发展和民生的改善，是大部分国际和国别开发性金融机构的目标之一。如美洲开发银行的五大目标："减少贫困和社会不平等、解决小国弱国的需求、通过私人部门促进发展、应对气候变化、促进可再生能源和环境可持续发展"，基本都与社会民生相关③。亚洲开发银行也在发展融资业务的同时，将对东南亚各国的高等教育援助视为促进受援国经济发展的重要途径，截至 2014年，亚洲开发银行为成员国提供了 80 多亿美元的教育援助④。同样的，开发性金融在民生领域的成果，如生源地助学贷款模式、棚户区改造贷款模式等，也可以探讨在发展中国家推广使用。

总之，开发性金融资源的国际配置，未来要走出一条质量并举，资金和制度、硬实力和软实力并重的道路，只有实现"资金融通"和"民心相通"的互相促进，才能为我国的对外发展合作提供永续的推动力。

---

① 董礼胜：《国际行政学顶级研究成果》，国际行政院校联合会最佳论文集，中国社会出版社 2014年版，第 87 页。
② 胡怀邦：《以开发性金融服务"一带一路"战略》，载《中国银行业》2015 年第 12 期，第 11 页。
③ 中国开发性金融促进会：《全球开发性金融发展报告》），中信出版集团 2016 年版，第 26 页。
④ 彭文平：《亚洲开发银行对东盟国家的高等教育援助》，载《东南亚研究》2014 年第 5 期，第106 页。

第八章

开发性金融资源配置
机制与效率分析

前面几章我们探讨了开发性金融在产业、区域、社会和国际四个维度上资源配置，进行了相关的总量和结构分析，揭示了开发性金融在这些维度上区别性特征。本章我们继续探讨以上四个维度资源配置的共性机制问题，并利用 DEA 模型，对开发性金融机制在以上四个维度的配置效率进行分析。

第一节　开发性金融资源配置机制

一、开发性金融资源配置机制研究的内容

"机制"（mechanism）最初是一个物理学概念，后来被运用到社会学和经济学的话语体系中。刘汉林（2003）指出，经济运行机制的概念在西方经济学中经常使用，它指的是"一个经济体或经济运行系统的各种构成要素，包括组织结构、制度结构、管理方式、操作规则等之间的相互联系、相互作用、相互制约推动整个系统运动的条件和功能集合系统"①。因此，经济学中的机制问题，简化来说，就是研究要素以及要素之间为实现特定功能而相互作用的方式。研究开发性金融的资源配置机制，就是研究开发性金融资源配置体系各组成部分之间联系和互动的方式。因此，我们认为，开发性金融资源的配置机制，应该包含以下三个方面的内容：开发性金融资源配置的主体、配置客体和配置方式问题。

关于开发性金融的资源主体是什么？是一个看似很好回答，但非常有理论意

---

① 刘汉林：《西方理论经济学》（上卷），成都时代出版社 2003 年版，第 172 页。

义和实践价值的问题。今天我们可以直接回答是开发性金融机构。但在国开行建立之初的传统政策性银行阶段，开发性金融的资源配置主体却不仅仅是金融机构，也包括政府部门。国开行的信贷投向，是严格按照国家行政性指令来执行的，被形象地称为"计委挖坑、开行栽树"。这一主体模式的结果是国开行严格执行了国家的产业政策，但由于主体地位和责任的缺失，经营业绩效率低下，不良贷款一度达到 40%。1998 年以后，国开行注重加强机构建设，通过科学的管理和先进的风险防控措施，主动参与国家政策和规划制定，才逐渐获得了主体地位。因此，是否在金融资源配置中具有相对独立自主的地位，是开发性金融与传统政策性金融的区分标准之一。

关于开发性金融资源配置的客体，顾名思义是"资源"。作为金融机构，资源的首要含义是资金资源、信贷资源。但作为开发性金融机构，"资源"的含义要远超出资金资源的范围。开发性金融是政府的市场化金融工具，是政府经济调控职能在金融领域的延伸。这种"准政府"的性质，决定了开发性金融的资源配置，既具有市场配置的特点，又具有类似政府的管理和引导职能，因此，开发性金融的资源配置客体，包含着比商业性金融更为深广的内涵。开发性金融资源配置的客体简单来说就是"信用"，即包括国家信用、市场信用、社会信用和机构自身信用的全社会的各类信用资源。这意味着，开发性金融在资源配置过程中，能够助力政府进行市场建设，引导市场服务政府目标，动员社会力量以提高全民信用水平。这种全面、系统的资源配置观，超出了一般市场主体的资源配置内容，是开发性金融有别于商业性金融的重要特征。

研究开发性金融资源的配置方式，就是研究作为资源配置主体的开发性金融机构与作为客体的各类信用资源之间相互联系和相互作用的方式问题。首先，开发性金融机构作为资源配置主体，其关系的对象就是各类信用资源的载体，即政府、企业、金融机构、社会以及个人。开发性金融机构与这些载体的关系构成银政关系、银银关系、银企关系、银社关系，我们把这些关系的总体称为关系机制。其次，这些关系之间必然有一个中介系统，对于开发性金融来说，这个中介和载体就是中长期融资的各种产品形式，可以称之为产品机制。最后，也是最重要的，开发性金融产品机制和关系机制的连接和作用的方式，可以称之为开发性金融资源配置的核心机制。对于开发性金融来说，这个核心机制就是"市场、信用和制度"三项建设。关系机制、产品机制和核心机制，构成了开发性金融资源配置的整体机制（见图 8 - 1）。

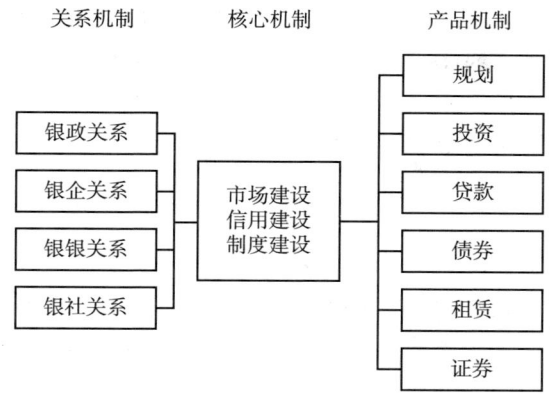

图 8 - 1　开发性金融资源配置机制

二、开发性金融资源配置的核心机制

开发性金融"市场、制度和信用"三项建设，在实践中具有各自的内涵，同时又互为前提，有机地联系在一起。

关于市场建设的内容，国开行在实践中提出了"四项建设"的方法，即"治理结构、法人、现金流和信用建设"。这一内容的实质，我们认为可以分别概括为"市场主体建设、市场过程建设、市场制度建设"。市场主体建设是在市场信用主体缺位的情况下，按照现代企业制度的要求，构建责权利明确的、合格的借款人主体。市场过程建设是通过融资支持产业循环和贸易循环，保证企业和项目有充足的现金流。市场制度建设主要指信用制度建设，主要是以政府文件、协议、契约等形式，规约和规范融资关联方行为，管控风险。

信用建设侧重市场主体的信用能力建设、信用意识培养和信用结构的搭建。信用能力的建设，在开发性金融实践中，往往要求信用主体具有充足的自有资本金。对于自有资本金不足，但具有前景的项目，开发性金融可以提供"软贷款"和专项建设基金等特有融资产品，充实企业和项目资本金。信用意识的培养，体现在开发性金融机构在融资过程中，通过各种宣介和培训活动，增强政府、企业和社会的信用意识和契约意识。信用结构的搭建，体现在通过抵押、担保、监督等多种手段，构建多层次的风险防火墙，保证开发性金融融资资金的安全。

制度建设在开发性金融实践中，既包括开发性金融机构内部的制度建设，如评审、风控、审计等微观制度建设，也包括与政府、企业和社会组织开展的各类规划合作、政策协同和协议签署等外部制度建设。

从三者的地位和关系看，我们认为，市场建设是目标，信用建设是基础，制度建设是保障。三者有机统一，又共同作为手段，服务开发性金融"增强国力、改善民生"的大目标和机构可持续发展的微观目标。

三、开发性金融资源配置的关系机制

（一）银政合作

具有中国特色的金融机构与政府合作机制，是开发性金融成功运作的"法宝"之一。两者之间的关系我们概括为以下几个方面。

1. 信用支撑。

信用支撑指的是，中央政府向开发性金融机构注资并授以主权信用。这是国际开发性金融机构的通行做法，一般通过开发性金融立法来确立。近年来，国开行的股权结构进一步拓宽和优化。除了财政部和中央汇金以外，央行和社保基金也成为股东。2016年，国开行新章程获得国务院批复，明确开行债信永久享受国家主权信用。开发性金融机构依托国家信用运作，它的发展和实力不断增强，也能够夯实和提高政府的信用。

2. 政策协同。

开发性金融在实践过程中，其与政府的政策协同范围广、方式多、程度深，是区别于商业银行的一个重要的标志。政策协同除了体现在服务国家宏观调控、产业升级、区域协调发展以及国际合作以外，还体现在以下方面。

第一，"规划先行"，与政府相关的职能部委共同编制规划。国开行通过与地方政府共同制定地域和产业发展规划，实际上是开发性金融机构向政府的一种智力和知识的转移和输出，这一过程也被称为"融智"的过程。其一，开发性金融机构掌握大量的客户资源和市场资源，与地方政府开展规划合作，可以与地方政府进行资源共享，整合区域内资源和跨区域资源，服务地方发展需要。其二，开发性金融机构的融资规模与扩张速度，是受到国家调控的。其融资能力与规模，在一定程度能够指示和体现社会融资总规模。开发性金融机构与地方合作开展规划，从理论上把发展思路、地方财政实力、融资能力和融资来源结合起来，从而起到平抑地方政府增长冲动，把政府的经济行为纳入可持续发展轨道的作用。

第二，与政府相关的职能部委就国家重点领域、重点项目和重要环节出台联合的政策支持措施。这是中国开发性金融业务运作的重要支点之一，也是具有中国特色的银政合作模式。如2015年7月，国开行与国家发改委联合发布了《关于推动国家级新区深化重点领域体制机制创新的通知》，提出要通过开发性金融对其他金融形态的带动和引导作用，降低企业融资成本。与商务部合作，共同支持我国农产品流通网络建设。此外，与住建部、工业和信息化部、交通部、海洋局等部门也就重点建设领域出台了相关共同文件。

第三，与政府特别是地方政府签署各类合作协议。这些合作协议，针对地方经济发展的阶段性任务或重点领域，以契约的形式，规定了与政府合作的范围、方式和额度，成为开发银行支持地方发展的独特方式。协议具有把地方政府的经济行为金融化、契约化的功能，无疑是对政府管理的一种促进。

3. 市场和信用共建。

市场和信用共建是开发性金融与地方政府共同为产业发展和企业活动创造市场基础、市场条件和市场环境。其中组建开发性金融融资平台公司和担保公司，是重要的有代表性的方式。

组建地方融资平台，是在社会主义市场经济条件下，开发性金融助力政府调控和影响经济的重大模式创新。如在天津先后推动成立了土地整理中心和城投集团。作为直接向国开行融资并承担还款责任的法人实体，两个公司接受了国开行五百多亿元城市建设贷款，极大促进了城市的面貌的改善。除了天津以外，各省份都相继建立了省、市级的承接开发性金融资金的融资平台。开发性金融从金融角度对融资平台公司进行责权利约束，使其从政府的融资工具变成了成熟的、责权清晰的现代企业主体，在地方基础设施建设和公共产品提供方面发挥了主导作用。当然，随着国家财政政策和地方债务政策的调整，地方融资平台也在转型和调整过程中，但是笔者认为作为一个制度创新，融资平台公司只要坚持市场化改革方向，产权清晰，按照现代企业制度合规有序运行，依然不失为我国政府主导型经济模式中的一个有效的企业组织形式。

在县域经济领域，中小企业融资难是一个突出问题，其中最深层次的原因在于信用体系不完善，担保资源匮乏。针对这种情况，国开行主动支持政府搭建担保平台，为中小企业融资提供信用支持。如在武汉，推动了当地20家担保公司整合成一个担保集团。同时向湖北省经委提供1亿元的资本金贷款，组建了一个升级担保公司，为县市的担保公司提供再担保，放大了县市级担保平台的担保能力。在此基础上，国开行又向湖北全省40个县市的担保机构提供5亿元资本金贷款，地方政府按照1:1的资本金比例同步出资。通过这种方式，在湖北省形成了省、市、县三级信用担保体系，有效缓解了湖北省的中小企业融资难问题，同时极大促进了社会信用体系建设。

（二）银银合作

开发性金融机构与商业性金融机构的合作与竞争关系，在我国的发展中，虽然有诸多质疑，但是基本形成了上下游分工合理、相互配合的格局，形成了共生和伴生的关系。两者共同参与市场建设，在资产和负债结构上也构成一种互补性的关系。一方面，开发性金融机构主要通过债券筹资，其发债规模大，债券风险权重为零，为商业性金融机构优化资产配置提供了良好选择。另一方面，国开行与商业性金融机构在组织银团方面进行了卓有成效的互动。国开行通过组织或参与银团贷款，引导社会资金投向国家和地方政府的重点领域和薄弱环节项目。截至 2015 年末，我国金融机构银团贷款余额为 56326 亿元，在全部公司贷款余额中所占比例达到 10.93%。国开行在其中发挥了重要作用，牵头银团总额连续多年保持第一，银团余额也远远领先（见图 8 - 2）。

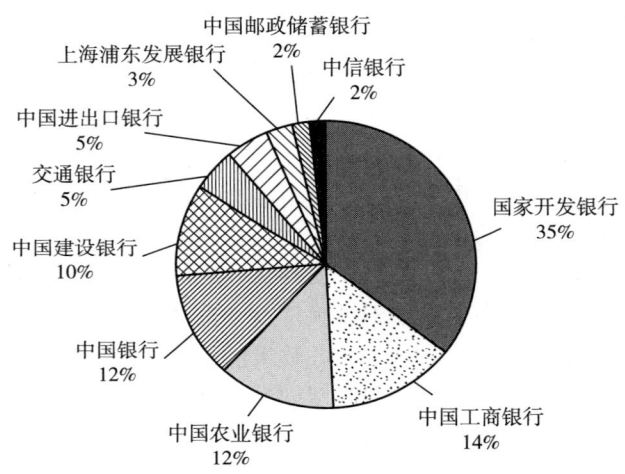

图 8 - 2　2015 年末银团贷款余额前 10 家银行

资料来源：《银团通讯》2016 年第 1 期。

国开行牵头的银团项目在中国企业"走出去"并购和基础设施合作中，也发挥了主力作用。如在中国五矿收购秘鲁拉斯邦巴斯铜矿、中国化工收购意大利轮胎巨头倍耐力等海外并购项目中，国开行牵头的银团也起了强有力的支持作用。

（三）银企合作

开发性金融的银企合作除了遵循市场规则以外，还具有鲜明的特点。第一，在客户的选择上，会优先考虑企业以及企业所实施的项目对于国家宏观政策和产业政策的战略意义。第二，坚持规划先行的理念，把基于项目的合作提升为基于战略的合作，与企业结成发展联盟。第三，坚持以中长期贷款和项目贷款为主，支持企业的长远发展。第四，开发性金融按照弥补市场空白和缺损的原则，根据国家政策和产业发展的需要，构造和孵化具有可持续发展能力的信用主体和市场主体。

（四）银社合作

银行与社会合作，构造社会化、网络化的信用约束机制，是开发性金融的重要创新。开发性金融"社会共建"方法是这一创新的体现，其实质是把政府、企业、个人和社会的信用资源统筹、整合在一起，构建有梯度的各级风险防火墙，起到 1 + 1 > 2 的作用。例如，开发性金融在扶持中小企业方面，为了解决中小企业信用保障机制薄弱、风险较难控制的问题，引入了社会化的主体，进行增信和信用监督，实现了模式的创新。前述贵州"小额农贷"案例中的"四台一会"机制，就是开发性金融在推动地方设立融资平台和担保平台的同时，利用社会化的农民信用协会、村委会的公示平台，监督和管理借款人信用，进行银社共建的典型案例。

四、开发性金融资源配置的产品机制

2008 年以前，国开行的产品体系相对单一，以信贷业务为主。2008 年以后，国开行先后组建了国开金融公司、证券公司和金融租赁公司等功能平台。2014 年以来，根据国家经济政策的需要，又相继成立了住宅金融事业部、扶贫事业部和国开基金公司，建立了较为完善的集团架构，规模效应初步显现。通过机构的完善，也丰富了开发银行的产品体系，形成了"投、贷、债、租、证"多元化的产品机制，这是传统政策性银行所不具备的条件。这些产品从名称上与商业性金融的产品没有太多不同，但在产品的具体运用上，却体现了开发性的特点。尤其是国开金融的城镇化和产业投资相结合的"产城融合"模式和"投贷联动"做法，是开发性金融实践模式的具有典型意义的创新。

案例 8 - 1　国开行与国开金融公司投贷联动支持北京青龙湖国际文化旅游度假区项目

该项目位于北京南六环外，跨丰台、房山两区，总面积 121 平方公里（相当于北京二环内面积的 2 倍）。北京市对于青龙湖的定位是国际会都。"十三五"规划中又进一步提出，开展丰台河西地区产城融合示范建设，以房山作为国家新型城镇化综合试点区。

2012 年，为加快青龙湖开发，丰台、房山两区政府邀请国开金融参与投

资。国开金融与某公司合资成立了"国开东方"公司作为投资主体。2016 年底，国开东方对该项目共投资 100 多亿元。国开东方参与投资后，青龙湖项目得到金融机构的积极参与。国开行提供了一级开发贷款 35 亿元，中国人寿投资公司投资 50 亿元，此外平安银行、建设银行、华夏银行、浙商银行、太平洋保险、东方资产等机构开展贷款、授信、设立基金等形式的合作，并获得深交所的批准，发行了 30 亿元的公司债。经过几年建设，截至 2016 年底，已经改造或建成万亩森林公园、人大附中丰台学校、中央民族大学中部、金世纪高尔夫球场、燕西华府住宅区、东方高美酒店等教育、体育和旅游基础设施项目，为改善首都生态环境、吸引国际资源、提高当地居民收入做出了积极的贡献。

（资料来源：笔者调研。）

评析：

该项目是国开行发挥投资和贷款联合产品优势的典型案例。该项目充分体现了开发性金融区域开发理念、综合产品优势、组织引导能力和资源配置能力。体现了政府、企业和金融机构贯彻五大发展理念，贯彻政府规划思路，通过产业和金融结合、产业和城市化结合，引导各类金融机构的融资资源，共同参与新型城镇化建设的创新发展理念。该项目采用的投贷联动模式，也为开发性金融未来在支持战略性新兴产业、军民融合战略、"一带一路"建设等方面提供了有价值的经验参考。

第二节 开发性金融资源配置的效率分析

开发性金融资源配置的基础，取决于实际效率的高与低，进而决定了资源在不同领域、不同维度、不同市场的安排。基于前面的研究，本部分将引入数据并构建模型，定量分析开发性金融在区域、产业、社会、国际等领域的资源配置效率。

一、方法选择

资源配置效率有两种基本分析手段：一种是以指标体系为基础的统计研究，另一种是以数学计量为基础的效率计量。两类方法的理论基础、分析技术等有所差异，实际运用中各有优劣。

（一）基于指标体系的统计研究

基于指标体系的统计研究，通过选取与测度对象紧密相关的基础指标，如生产总值之于经济增长效率，碳排放之于节能减排效率，以一定的理论、方法构建一套完整的逻辑框架，从而进行效率测算。该方法通常以强度、相对指标等为基础，随后进行统计分析，如对相关性较高的指标进行聚类分级、对各级指标进行不同维度权衡等，最后得出一个综合指数进行效率评价。该方法由于统计分析的技术手段相对简单、基础指标数据获取容易、指标体系可根据实际需求完善改进等，被各界广泛应用。如耶鲁大学 YCELP 和哥伦比亚大学 CIESIN 联合开发的环境绩效指数（2012），用于评价经济增长中的环境效率[1]；世界经济论坛和埃森哲咨询公司开发的全球能源框架绩效指数（2014），用于评价能源配置效率[2]；著名经济学家李晓西教授领衔开发的中国绿色发展指数，用于评价绿色发展效率[3]，等等。

（二）基于数学计量的效率测度

基于数学计量的效率测度，通过构建计量模型，计算全要素生产率或投入产出生产率，从而评估资源配置效率。计量模型构建的具体方法包括三类：一是早期的增长会计法（GAA），随后发展出随机前沿分析法（SFA），以及近年来应用较为广泛的数据包络分析法（DEA）。

增长会计法（GAA）是依据罗伯特·索洛提出的经济增长模型，通过扣除劳动、资本等传统要素对经济增长的贡献，从而以余值测度效率。冯海发（1993）以增长会计法计算了 1949～1990 年中国的农业生产效率[4]；刘敏、尚新玲（2008）利用增长会计法测度了西安 1992～2005 年科技进步对资源配置的贡献效率[5]；廖先玲、姜秀娟、赵峰、何静（2010）引入增长会计法改进模型，对 1991～2009

①　Emerson, J. W., A. Hsu, M. A. Levy, A. de Sherbinin, V. Mara, D. C. Esty, and M. Jaiteh. 2012. 2012 Environmental Performance Index and Pilot Trend Environmental Performance Index. New Haven: Yale Center for Environmental Law and Policy.

②　世界经济论坛、埃森哲咨询公司：《全球能源架构绩效指数 2014 年报告》，http://nstore. accenture. com/acn_com/Accenture – Insight – New – Energy – Architecture – 2014 – Report. pdf，2013 年 12 月。

③　北京师范大学科学发展观与经济可持续发展研究基地、西南财经大学绿色经济与经济可持续发展研究基地、国家统计局中国经济景气监测中心：《中国绿色发展指数报告：区域比较》，北京师范大学出版社 2013 年版。

④　冯海发：《总要素生产率与业村发展》，载《当代经济科学》1993 年第 2 期，第 56～64 页。

⑤　刘敏、尚新玲：《基于索洛余值法的西安科技进步贡献率测算研究》，载《科技广场》2008 年第 9 期，第 10 页。

年山东经济增长中的技术效率进行了估算①。

随机前沿分析法（SFA）以研究对象的生产关系确定生产模型，以一定的数学方法估得生产模型中的相关参数，从而计算目标效率。黄薇（2008）以随机前沿分析法进行了中国保险公司经营效率的实证研究②；王德祥、李建军（2009）将随机前沿分析法和面板模型相结合，测度了中国的税收征管效率③；魏下海、余玲铮（2011）以随机前沿分析法测算了中国 29 个省市的全要素生产变动率④。

数据包络分析法（DEA）在确定性无参数概念的基础上，以相对效率为基本理论，通过对多部门间投入产出数据的分析，评估配置效率。该方法是近年来进行效率分析较为广泛的方法。张健华（2003）利用数据包络分析法首次对中国商业银行效率进行了研究⑤；黄薇（2009）利用数据包络模型测算了保险机构使用资金的效率⑥；刘瑞翔、安同良（2012）结合数据包络分析法和方向距离函数计算了资源环境约束下的中国经济增长效率⑦。

（三）方法比较与选择

基于指标体系的统计研究由于在计算方法确定等方面没有非常严格的标准，测度结果有时候与实际产生的偏误加大，可靠性容易遭到质疑。而基于计量模型的效率测度方法中，增长会计法（GAA）和随机前沿分析法（SFA）由于理论假设过于严苛，经济实践中难以满足，且需要明确生产函数的具体形式，研究中容易产生较大的误差，故本部分选择数据包络分析法（DEA）构建模型进行开发性金融资源配置的效率分析。

二、模型构建

数据包络分析法（DEA）包括多个效率分析模型，如 Malmquist 生产率指数

① 廖先玲、姜秀娟、赵峰、何静：《基于"索洛余值"改进模型的山东省技术进步贡献率测算研究》，载《科技进步与对策》2010 年第 11 期，第 69 页。
② 黄薇：《风险视角下中国保险公司效率的实证研究》，载《数量经济技术经济研究》2008 年第 12 期，第 111 页。
③ 王德祥、李建军：《我国税收征管效率及其影响因素——基于随机前沿分析（SFA）技术的实证研究》，载《数量经济技术经济研究》2009 年第 4 期，第 152 页。
④ 魏下海、余玲铮：《中国全要素生产率变动的再测算与适用性研究——基于数据包络分析与随机前沿分析方法的比较》，载《华中农业大学学报（社会科学版）》2011 年第 3 期，第 76 页。
⑤ 张健华：《我国商业银行效率研究的 DEA 方法及 1997～2001 年效率的实证分析》，载《金融研究》2003 年第 3 期，第 11 页。
⑥ 黄薇：《中国保险机构资金运用效率研究：基于资源型两阶段 DEA 模型》，载《经济研究》2009 年第 8 期，第 37 页。
⑦ 刘瑞翔、安同良：《资源环境约束下中国经济增长绩效变化趋势与因素分析——基于一种新型生产率指数构建与分解方法的研究》，载《经济研究》2012 年第 11 期，第 34 页。

模型、Malmquist – Luenberger 生产率指数模型、SBM – DDF 方向距离函数等。由于 Malmquist 生产率指数模型只能测度投入和产出的正向增长效率，无法评价决策单元减少负产出时的情形，Malmquist – Luenberger 生产率指数模型测度的是从原点到观测点上的导向性和径向性效率，无法处理松弛变量产生的冗余，两种模型在实际测度中均存在一定的误差[1]。借鉴托恩（Tone，2001）[2]、福山和韦伯（Fukuyama and Weber，2009）[3]、王兵和朱宁（2011）[4] 的研究，本部分以 SBM – DDF 方向距离函数为基础，能较好地处理以上模型中可能存在的偏误，提高效率测度的准确性。

为体现开发性金融资源的区域配置差异，本部分以中国 30 个省（区、市）为决策单元[5]，x 表示开发性金融在每个省（区、市）的 N 种投入，$x = (x_1 \cdots x_N) \in R_N^*$；$y$ 表示开发性金融的 M 种期望产出，$y = (y_1 \cdots y_M) \in R_M^*$；$b$ 表示开发性金融在支持经济发展中出现的 K 种非期望产出，$b = (b_1 \cdots b_K) \in R_K^*$。则 (x_i^t, y_i^t, b_i^t) 表示开发性金融在省（区、市）i 时期 t 的投入产出，(g^x, g^y, g^b) 为方向向量，(s_n^x, s_m^y, s_k^b) 为松弛向量，省（区、市）i 的 SBM – DDF 方向距离函数表示为：

$$\vec{S}_v^t(x_i^t, y_i^t, b_i^t, g^x, g^y, g^b) = MAX \begin{cases} \left(\dfrac{1}{N} \sum_{n=1}^{N} s_n^x/g_n^x + \dfrac{1}{M} \sum_{m=1}^{M} s_m^y/g_m^y + \dfrac{1}{K} \sum_{k=1}^{K} s_k^b/g_k^b \right)/3 \\ x_{in}^t - s_n^x = \vec{\lambda}X, \ V_n; \\ y_{im}^t + s_m^y = \vec{\lambda}Y, \ V_m; \\ b_{ik}^t - s_k^b = \vec{\lambda}B, \ V_k; \\ \vec{\lambda} \geq 0, \ \vec{\lambda}l = 1; \ s_n^x \geq 0, \ s_m^y \geq 0, \ s_k^b \geq 0 \end{cases}$$

本部分以国家开发银行为代表进行开发性金融的实证研究，鉴于数据的可获得性和统一性，仅测度 2013～2015 年的资源配置效率。其中以国开行在各个省（区、市）的从业人员和贷款余额作为劳动和资本的投入，以各个省（区、市）的生产总值、居民人均可支配收入、对外直接投资作为开发性金融产生经济效益、社会效益和国际效益的期望产出，以国开行在各个省（区、市）的不良贷款

---

① Ruggiero J. , Nonparametric Estimation of Returns to Scale in the Public Sector with an Application to the Provision of Educational Services, The Journal of the Operational Research Society, No. 51, 2000, pp. 906 – 912. Worthington A. C. , Cost Efficiency in Australian Local Government: A Comparative Analysis of Mathematical Programming and Econometric Approaches, Financial Accountability and Management, No. 16, 2000, pp. 201 – 224.

② Tone K. , A slacks based measure of efficiency in data envelopment analysis, European Journal of Operational Research, Vol. 130, 2001, pp. 498 – 509.

③ Fukuyama, H. , and W. L. Weber, A directional slacks-based measure of technical inefficiency", Socio – Economic Planning Sciences, Vol. 43, No. 4, 2009, pp. 274 – 287.

④ 王兵、朱宁：《不良贷款约束下的中国上市商业银行效率和全要素生产率研究——基于 SBM 方向性距离函数的实证分析》，载《金融研究》2011 年第 1 期，第 110 页。

⑤ 西藏自治区由于部分关键数据缺失，因此没有纳入测算。

和各个省（区、市）的地方政府债务①作为开发性金融的非期望产出，求解上式便可得到开发性金融在各个省（区、市）各项投入产出的无效率值。

福山与韦伯（2009）提出的定理显示，当方向向量 $g_n^x = x_n^{max} - x_n^{min}$，$\forall n$，且 $g_m^y = y_n^{max} - y_n^{min}$，$\forall m$，则各项投入产出的无效率值 IE 介于 0 到 1 之间，此时可构建各项投入产出的相对正效率值 E，即：

$$E = 1 - IE, \quad IE \in [0, 1], \quad E \in [0, 1]$$
$$s.\, t \; g_n^x = x_n^{max} - x_n^{min}, \quad \forall n;$$
$$g_m^y = y_n^{max} - y_n^{min}, \quad \forall m;$$

$E \in [0, 1]$，其值越高，则显示开发性金融在该省（区、市）该领域中越有效率。数据采集自历年的《国家开发银行年报》《中国金融统计年鉴》等。其中地方负债的数据借鉴蔡宁的方法估算②。

三、测度结果与效率分析

应用 Matlab 软件，根据以上方法与模型，2013～2015 年开发性金融在区域、经济、社会、国际等领域资源配置的效率见表 8 – 1。

表 8 – 1　　　　2013～2015 年全国部分省区市开发性金融的资源配置效率

省区市	产业维度效率			社会领域资源配置效率			国际领域资源配置效率		
	2013 年	2014 年	2015 年	2013 年	2014 年	2015 年	2013 年	2014 年	2015 年
江苏	0.704	0.709	0.719	0.889	0.900	0.912	0.659	0.667	0.677
山东	0.699	0.706	0.714	0.885	0.893	0.911	0.656	0.667	0.676
浙江	0.697	0.707	0.721	0.883	0.915	0.905	0.654	0.666	0.647
广东	0.675	0.677	0.684	0.854	0.841	0.907	0.633	0.647	0.651
北京	0.670	0.712	0.718	0.849	0.914	0.916	0.629	0.484	0.645
湖北	0.669	0.676	0.684	0.845	0.837	0.875	0.627	0.641	0.653
上海	0.668	0.674	0.677	0.843	0.826	0.879	0.625	0.645	0.664
四川	0.650	0.678	0.647	0.823	0.875	0.758	0.610	0.651	0.636

---

① 全国人民代表大会常务委员会预算工作委员会 2015 年 12 月 15 日《关于规范地方政府债务管理工作情况的调研报告》显示，地方政府债务借款来源有 51% 来自银行贷款，故本部分以地方政府债务作为开发性金融在支持经济发展中的非期望产出。

② 蔡宁、刘勇：《中国省级地方政府债务规模预测——基于全口径财政收支框架的研究》，载《金融论坛》2017 年第 2 期，第 25 页。

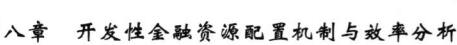

续表

省区市	产业维度效率			社会领域资源配置效率			国际领域资源配置效率		
	2013 年	2014 年	2015 年	2013 年	2014 年	2015 年	2013 年	2014 年	2015 年
广西	0.651	0.643	0.649	0.821	0.817	0.887	0.609	0.629	0.595
重庆	0.646	0.728	0.654	0.819	0.759	0.765	0.607	0.663	0.582
陕西	0.633	0.621	0.704	0.801	0.846	0.795	0.594	0.574	0.580
天津	0.627	0.566	0.632	0.793	0.688	0.915	0.589	0.682	0.579
湖南	0.619	0.618	0.629	0.785	0.728	0.839	0.583	0.615	0.596
安徽	0.582	0.622	0.619	0.743	0.681	0.809	0.551	0.536	0.583
河南	0.593	0.633	0.707	0.753	0.928	0.613	0.559	0.352	0.587
内蒙古	0.572	0.624	0.375	0.721	0.852	0.855	0.536	0.449	0.660
福建	0.555	0.687	0.656	0.704	0.658	0.732	0.523	0.514	0.501
河北	0.554	0.601	0.595	0.703	0.636	0.679	0.522	0.532	0.553
江西	0.552	0.556	0.675	0.700	0.645	0.621	0.520	0.600	0.475
贵州	0.547	0.565	0.583	0.693	0.679	0.622	0.515	0.579	0.529
吉林	0.522	0.629	0.463	0.657	0.725	0.536	0.489	0.466	0.555
新疆	0.506	0.614	0.572	0.639	0.322	0.706	0.476	0.544	0.537
海南	0.493	0.543	0.647	0.622	0.468	0.474	0.463	0.541	0.509
云南	0.465	0.363	0.542	0.592	0.816	0.644	0.440	0.353	0.300
甘肃	0.454	0.411	0.586	0.576	0.431	0.626	0.429	0.462	0.386
黑龙江	0.450	0.456	0.460	0.575	0.381	0.586	0.428	0.417	0.415
青海	0.402	0.413	0.415	0.540	0.376	0.787	0.400	0.317	0.481
宁夏	0.376	0.371	0.340	0.486	0.457	0.480	0.362	0.490	0.348
山西	0.349	0.316	0.334	0.440	0.451	0.572	0.329	0.308	0.297
辽宁	0.329	0.337	0.383	0.427	0.430	0.450	0.319	0.302	0.316
平均水平	0.564	0.582	0.593	0.715	0.692	0.735	0.531	0.533	0.540
东部地区	0.634	0.658	0.676	0.803	0.774	0.823	0.596	0.605	0.610
中部地区	0.561	0.570	0.608	0.711	0.712	0.722	0.528	0.509	0.532
西部地区	0.536	0.548	0.552	0.683	0.657	0.721	0.507	0.519	0.512
东北地区	0.433	0.474	0.435	0.553	0.512	0.524	0.412	0.395	0.429

根据以上测度结果，从产业、社会和国际三个维度看，无论是2013年，还是2014年、2015年，开发性金融在社会维度的资源配置效率都要明显高于国际维度（见图8-3）。社会维度三年的效率均值为0.714，而经济和国际维度三年的效率均值分别仅有0.579和0.535，这与开发性金融的理念和实践基本一致。一方面，开发性金融以保本微利为经营原则，其并不像商业性金融那样以追求利润最大化为最终目标，而是以促进经济的可持续发展和人民福祉的改善为经营目标。另一方面，开发性金融主要以弥补市场失灵，提供公共产品为主，公共产品往往经济收益有限，而有较强的社会外溢效应。此外，近几年国际形势错综复杂，全球经济仍处于世界经济危机以后的艰难复苏阶段，国际领域资源配置效率偏低是与当前国际经济金融形势相关和吻合的。

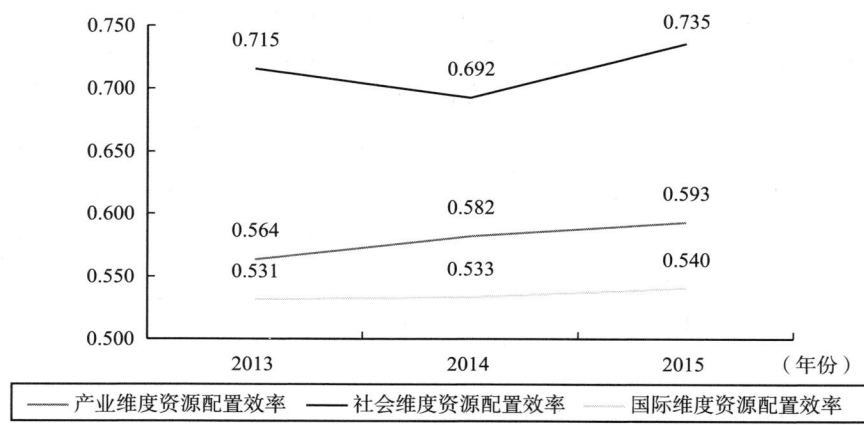

图8-3 开发性金融产业、社会和国际维度资源配置效率

注：本图根据表8-1数据制作。

从各个区域来看，无论是产业维度的资源配置效率，还是社会、国际维度的资源配置效率，都呈现东部地区最高，中部和西部无较大差异，东北地区最低的趋势（见图8-4）[①]。东部地区开发性金融在三个维度资源配置的平均效率为0.686，中部和西部地区的资源配置的平均效率为0.606和0.582，而东北地区的平均效率仅有0.463。一方面，东部地区有较好的经济基础和金融生态，无论从市场的角度，还是从要素的角度，抑或是从制度的角度，开发性金融的资源配置

---

① 按照"十一五"规划区域发展战略提出的四大区，东部地区包括北京、天津、河北、上海、江苏、浙江、福建、山东、广东和海南；中部地区包括山西、安徽、江西、河南、湖北和湖南；西部地区包括重庆、四川、贵州、云南、西藏、陕西、甘肃、青海、宁夏、新疆、广西和内蒙古。由于部分关键数据缺失，因此没有纳入测算。

效率理应较高。另一方面，东部地区创新和技术研发活跃，生产效率高，因此金融支持实体经济的效率也相对较高。此外，中部、西部和东北地区，尤其是东北地区，由于近几年经济发展的速度相对缓慢，开发性金融在这些区域的不良贷款逐渐增长，政府形成的债务也在不断积累，因此金融资源配置的效率相对偏低。

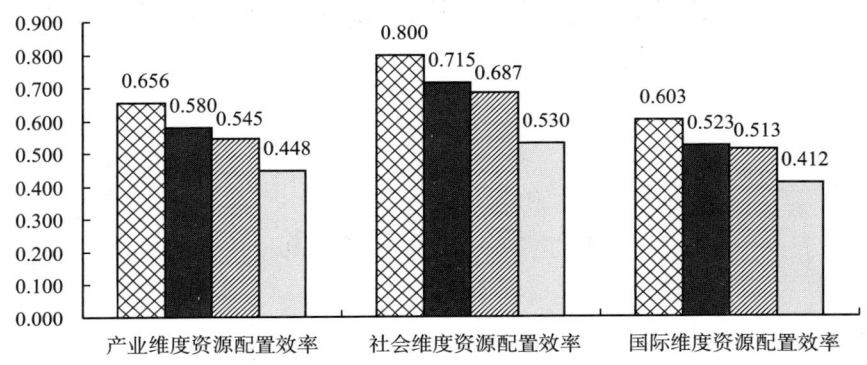

图 8-4　开发性金融在各区域的资源配置效率均值

注：本图根据表 8-1 数据制作。

需要说明的是，受制于数据的易得性，开发性金融效率模型还具有探索性和参考性，未来从监管层面和国家金融政策层面，引入更多的面板数据，构建我国金融体系中不同金融形态的效率模型，对于国家金融体系的健康发展和监管科学，无疑具有重要的意义。

第九章

基本结论、政策建议和研究展望

第一节 基本结论

本书以开发性金融的资源配置问题为研究对象，从资源配置视角，尝试对开发性金融理论的框架进行了完善和重构，探讨了开发性金融在产业、区域、社会民生和国际四个维度上资源配置的模式、结构和特点，并对开发性金融资源配置的基本机制和配置效率进行了分析。主要结论如下。

第一，开发性金融是我国社会主义市场经济体制的工具，为推进和完善这一体制做出了独特贡献。之所以如此，是因为开发性金融在我国政府与市场的二重资源配置体系中，能够发挥两者之间的纽带作用。开发性金融一方面参与和贯彻政府的产业、区域、民生和对外经济政策；一方面作为资源配置主体，把政府的经济决策和经济行为，通过信用化的手段，纳入市场运行轨道，并在市场的框架内，对接政府与市场信用资源，实现资源配置效率的最优化。

中国开发性金融理论框架由金融本质论、目的论与方法论三部分组成。前提与出发点是金融本质论，即把金融视为一种"通过责权利的约束机制进行优化资源配置的生产力"。开发性金融的目的论，是"赶超式、可持续和全球化"发展观构成的渐进和统一的整体。开发性金融的方法论，实质是政府与市场关系论，核心是"市场、信用和制度"建设的方法。开发性金融理论吸收了现代经济学理论，尤其是发展经济学和制度经济学理论，以及我国社会主义市场经济理论，在实践中形成并不断深化。它和开发性金融机构一样，具有主体性地位。确立开发性金融理论的主体地位，能够为实践提供充足的合理性，是开发性金融持久发挥作用的保障。

从资源配置的角度出发，中国开发性金融的内涵可以概括为：中国开发性金融是在中国社会主义市场经济体制环境下，通过参与和贯彻国家宏观经济政策，以市场建设、信用建设和制度建设的开发性理念和方法，对包括政府信用、市场信用、社会信用和机构信用在内的全社会信用资源进行有效配置，满足关系国民经济全局的战略性领域和薄弱环节的中长期融资需求，以达到促进国家经济赶超式发展、可持续发展和增强国家全球经济竞争力的一种金融形态和资源配置方式。开发性金融具有工具性、开发性、长期性、供给性和平衡性的特点。其中工具性和开发性是开发性金融的最基本特征，长期性、供给性和平衡性是派生特征。

第二，开发性金融的根本宗旨是服务国家的赶超式、可持续和全球化发展目标。在坚持该目标的前提下，根据不同阶段国家的发展重点和目标，其资源配置方向是动态调整的。开发性金融机构的业务主线是"两基一支"领域，在保持主线业务的同时，近年来民生金融和国际业务先后成为重要的业务方向，在促进区域协调发展方面的功能越来越得到重视。开发性金融形成了以产业金融和民生金融为经，以区域协调发展和全球化发展为纬，以"市场、信用和制度"建设的开发性理念与方法为内核的立体化、系统性业务格局。

第三，开发性金融是适应我国体制和建设需要的资源配置主体与方法。在实践中开发性金融对资源的配置，是沿着产业、区域、社会和国际四个维度展开的，四个维度存在共时性，但不是平行展开的，在不同时期有着不同的侧重点。在不同的维度和领域内，开发性金融对资源的配置也有自己的特点。

（1）在产业维度上，开发性金融的资源配置以产业发展相关理论为参照，以我国的产业政策为指导，重点支持了"两基一支"和民生产业，同时积极支持产业结构升级。开发性金融产业维度支持的重点是"两基一支"，但民生产业近年来也呈上升趋势。在两基一支领域，开发性金融资源配置的重点是基础设施领域，相比商业性金融机构，制造业的贷款规模占比较少。开发性金融的业务范围涵盖三次产业，其在三次产业的投融资资产余额结构和比例，与我国当前阶段的三次产业结构与比例保持基本一致的关系，这一方面表明其资源配置契合国家产业升级的目标，另一方面说明开发性金融未来在这方面可以发挥中坚作用。

（2）在区域维度上，开发性金融的资源配置贯彻国家区域发展战略，通过与政府的政策协同、规划合作和平台建设，依据东、中、西部的特点，因地施策，确定重点。西部地区重点支持基础设施和基础工业；中部地区重点支持城市基础设施建设和支柱产业建设；东北地区重点支持国企改革和城市改造，促进产业升级；东部地区资源配置的重点是区位价值提升、产业和消费升级。相对于大型商业银行，开发性金融在西部地区的资产规模在整体业务中比例最大。开发性金融是地方经济增长与发展的金融工具和抓手，能够平衡地方财权与事权不匹配，促进改进政府管理经济，助力解决区域经济发展失调失衡。模型分析表明，开发性金融提供给地方发展的外源性融资对地方生产总值的拉动效率，要高于当地居民储蓄资金对地方生产总值的拉动效率。

（3）从社会维度上，开发性金融贯彻我国"五位一体"总布局，近年来加大了资源配置力度，向保障性住房、棚户区改造、助学贷款、生态金融、扶贫开发等民生和社会领域倾斜。开发性金融以批发的方式解决零售问题的理念和以此为基础探索的集约式开发模式，对于解决二元经济结构演变过程中的过度工业化和农村空心化问题具有典型性和示范性意义。开发性金融在支持社会民生领域过程中，通过搭建社会化的信用结构，完善制度建设，促进了社会信用水平的提高和金融生态的改善。开发性金融支持社会发展的主要短板是人员和机构限制，对于县域经济、中小企业支持力度有待进一步加强。

（4）从国际维度上，开发性金融适应中国经济走出去和金融全球化的需要，加大了在国际合作领域资源配置的力度，投融资余额逐年攀升，从规模上走在了主要商业性金融机构的前面。开发性金融的国际资源配置，主要着眼于能矿资源、交通基础设施、制造业等中国市场亟须、产业最优优势的领域。在地域布局上，以"一带一路"沿线经济体为主，其次为拉美和非洲地区，与我国对外发展合作的总体格局保持一致。开发性金融资源国际配置总量与我国对外直接投资存量初期保持基本平行趋势，后期逐渐拉大，反映了开发性金融对于对外直接投资具有促进和带动作用。开发性金融在支持中国企业参与境外基础设施方面有待加强，另外国际业务向纵深拓展方面还存在机构短板和人员短板。开发性金融国际配置，除了为走出去企业和国际合作提供资金支持以外，还应该树立"创造共同发展需求，提高全球共同福祉"的新的全球化发展价值观，构造良好金融生态，更好地管控各类风险，打造可持续发展与合作的基础。

第四，开发性金融资源在不同维度上的资源配置有着共性的机制。开发性金融的资源配置机制是关系机制、产品机制和核心机制的统一体。其中关系机制由开发性的银政、银银、银企、银社关系组成。开发性的银政关系，体现为信用的相互支撑、政策协同以及市场与信用的共建。开发性的银银关系，体现为债市和银团，以此形式动员各种金融资源参与国家重点项目。开发性的银企关系，体现为开发性金融为符合其支持方向的企业的起步与发展提供孵化和系统性融资支持。开发性的银社关系，体现为通过社会信用共建，促进全社会信用水平提高和金融生态环境的改善。开发性金融的产品机制主要包括规划、投资、贷款、债券、租赁、证券五大板块，以"投贷联动"为代表的综合化产品运用，是开发性金融功能增强的重要手段，也是未来开发性金融发挥更大作用的主要抓手。

开发性金融资源配置效率适合用 DEA 模型分析。以分地域为基础的面板数据分析显示，开发性金融在社会维度的资源配置效率高于产业和国际维度，可以解释为开发性金融支持社会民生领域社会外溢效应强，能够大大改进公共产品和服务供给效率。从区域看，开发性金融的地域配置效率，呈现东部地区最高，中部和西部居中趋同，东北地区最低的趋势。

第二节 政 策 建 议

开发性金融是政府的金融工具，其融资资源配置的效率和效益，直接影响政府经济政策和管理目标的实现。从另一个角度看，政府政策，包括支持政策、监管政策等，也直接影响着开发性金融发挥作用的空间、边界和资源配置效率的高低。因此，我们结合研究结论，通过对各章中优化开发性金融资源配置分析，分两个层面提出政策建议。

一、对机构层面的建议

第一，在产业配置维度上，建议开发性金融机构在国内"两基一支"领域中，调整对基础设施行业过高的配置，为后续的增长与发展预留一定的空间。要发挥开发性金融机构传统的产业银行、专家银行和知识银行的优势，提高对基础研发和战略性新兴产业的配置比例，培育形成新的支柱产业体系。

第二，在地域配置维度上，建议开发性金融机构加大对东北振兴的支持力度，支持东北地区的旅游、生态产业，促进产业升级。在西部，建议适度降低在基础工业领域的资源配置，避免西部出现不可挽回的生态问题，使工业化和生态文明建设协调推进。在东中部，建议继续围绕区位、产业和消费升级的配置方向，着力支持战略性新兴产业和现代服务业。

第三，在社会民生领域，建议开发性金融机构着眼于对我国市场失灵和"二元经济结构"演变过程中的负外部性进行全面、系统性的纠偏，在普惠金融的基础上，着力发展民生金融，推动建立民生开发性金融体系。加大对环保和生态建设的支持力度，系统支持保护、恢复、利用和发展生态的项目，在绿色金融基础上，大力发展生态金融。

第四，在国际配置方面，探讨升华现有的国际业务价值观，提升站位，以"创造共同发展需求，提高全球共同福祉"代替现有"国家使命"和"国家战略"的宣传口径，提高国际社会的认可度和接受度。继续加大对中国企业国际合作的支持力度，包括境外基础设施合作的支持力度。推动民生金融走出去，切实防范国际业务中的政治风险、市场风险和信用风险。

二、对政府政策层面的建议

第一，我们的分析表明，开发性金融机构在支持国家产业发展、区域协调发展、社会民生改善以及我国对外合作方面，发挥了关键和不可替代的作用，开发性金融是资源配置的有效主体与方式。因此国家要在遵循市场规律的前提下，切实加强对开发性金融机构的政策倾斜，在增加资本金、拓宽融资来源、降低融资成本各方面提供支持。与此同时，要尊重开发性金融机构市场化运作的经验和原则，力避使新时期的开发性金融机构重走传统开发性金融的老路。

第二，开发性金融的本质是一种资源配置方式，开发性金融在不同领域、不同维度的资源配置，都有共性的资源配置理念和配置机制，开发性的特点贯穿和体现在每一个融资项目之中，因此开发性业务也是不可分割的整体，把国开行的业务硬性划分为开发性（或政策性）和商业性不仅在理论上很难成立，在实践中也难以操作。建议探索适合开发性金融业务及风险特征的差异化监管方式。

第三，鉴于开发性金融机构具有支持我国产业、区域、社会民生和国际化发展的综合服务能力，具备社会融资规模引导与调控的能力，具备以"规划先行"为代表的知识和智力溢出的功能，在银政合作中能够显著提升政府特别是地方政府调控、管理和规划能力，提高政府科学决策水平和可持续发展能力。建议中央政府部门和地方政府，在制定相关发展规划过程中，把开发性金融机构，当前阶段主要为国开行，纳入参与编制的主体，提升我国政府决策的科学化和合理化水平。

第四，推进政策性金融改革，构建开发性金融体系。从对开发性金融资源的配置分析可以看出，开发性金融机构受制于机构的规模和资本金规模限制，在资源配置上往往会出现顾此失彼、捉襟见肘的现象，而我国社会主义初级阶段的国情下，尤其是经济进入新常态以后，经济发展中的薄弱环节和短板领域很多，基础设施、战略性新兴产业等领域积累了巨额的融资需求，"一带一路"建设和中国经济参与全球竞争，也需要强大的金融体系，尤其是开发性金融体系提供服务和支撑。因此，未来可考虑将中国进出口银行和农业发展银行向开发性金融机构发展。同时，探索针对我国创新发展领域里的短板，组建产业类或科技类的专门性开发性金融机构，地方政府层面也可以通过改组或新建方式，组建区域性的开发性金融机构。全国性、专业性、区域性开发性金融机构与我国主导的亚洲基础设施投资银行和金砖国家新开发银行一起，可以构成我国的开发性金融体系，增强我国金融体系的整体实力。

第三节 研 究 展 望

中国开发性金融机构自成立至今，积累了大量的实践经验和理论研究成果，资源配置问题又是一个内涵丰富、外延宽广的研究课题，受制于数据易得性和研究篇幅，本书对于开发性金融资源配置维度、机制的研究无法涵盖所有有价值的数据和事实，相关理论总结可能不能充分反映开发性金融的精髓和全貌，相关判断和建议也可能有所偏颇。未来拟在以下方面加强研究和探索：

一是深化对开发性金融资源配置效率的研究。通过开发性金融和与其他金融形态的效率的对比研究，能够以更加科学、实证的方式，揭示开发性金融与其他金融形态相比的优势和弱势之处，为金融机构运作和金融体制改革提供更有价值的参考。再如通过深化开发性金融的逆周期调节效率研究，可以研究开发性金融在国家宏观调控中的作用问题。

二是深化银政关系的研究，深入研究开发性金融与政府关系、财政关系。在我国，地方政府融资模式和负债模式是一个关乎经济体制改革和经济建设全局的现实和长远问题。地方融资有两种基本方式，通过开发性金融等进行间接融资和通过发行债券进行直接负债，全方位、多角度地考察两种方式综合效率的高低，对优化政府经济管理具有重要的参考作用。

三是深入研究开发性金融的国际化发展问题。我国的开放程度越高，越需要提升金融竞争力。深入研究开发性金融资源国际配置的创新模式和方法，无疑对于提升我国金融体系的国际竞争力具有深远意义，尤其是加强开发性金融支持"一带一路"建设的投融资模式创新，更是我国的现实需要。

参 考 文 献

［1］〔美〕艾尔·巴比：《社会研究方法》，李银河编译，四川人民出版社
1983 年版。

［2］〔美〕奥利佛·威廉姆森、斯科特·马斯滕：《交易成本经济学经典名
篇选读》，李自杰等译，人民出版社 2008 年版。

［3］白钦先、王伟：《各国开发性政策性金融体制比较》，中国金融出版社
2005 年版。

［4］白钦先等：《各国中小企业政策性金融体系比较》，中国金融出版社
2001 年版。

［5］〔美〕保罗·克鲁格曼：《国际经济学》，黄卫平等译，中国人民大学出
版社 2011 年版。

［6］〔英〕庇古：《福利经济学》，朱泱等译，商务印书馆 2014 年版。

［7］蔡宁、刘勇：《中国省级地方政府债务规模预测——基于全口径财政收
支框架的研究》，载《金融论坛》2017 年第 2 期。

［8］曾康霖、刘锡良、缪明杨：《百年中国金融思想学说史》（第一卷），中
国金融出版社 2011 年版，第 974 页。

［9］曾诗鸿：《金融脆弱性理论》，中国金融出版社 2009 年版。

［10］〔美〕查尔斯·沃尔夫：《市场，还是政府》，陆俊等译，重庆出版社
2009 年版。

［11］陈雨露、马勇：《中国农村金融论纲》，中国金融出版社 2010 年版。

［12］陈元：《办好开发银行 促进信用建设 高效率地支持经济发展》，载
《中国金融》2002 年第 3 期，第 10 页。

［13］陈元：《办好银行，建设强大的金融体系》，载《中国金融》2001 年
第 12 期。

［14］陈元：《发挥开发性金融促进制度建设的作用》，载《人民日报》2003
年 12 月 8 日。

［15］陈元：《发挥开发性金融作用，促进中国经济社会可持续发展》，载
《管理世界》2004 年第 7 期。

[16] 陈元：《建设强健的金融，支持经济发展》，载《管理世界》2002 年第 2 期。

[17] 陈元：《防范政策性金融风险，促进国民经济有效增长》，载《中国金融》1999 年第 4 期。

[18] 陈元：《改革的十年，发展的十年》，载《求是》2004 年第 13 期。

[19] 陈元：《积极发挥政策性金融作用，支持西部大开发战略》，载《中国外汇管理》2000 年第 5 期。

[20] 陈元：《建立健全开发银行市场化筹资机制》，载《中国建设与投资》1998 年第 11 期。

[21] 陈元：《建设国际先进市场业绩的开发性金融》，载《中国金融》2004 年第 7 期。

[22] 陈元：《政府与市场之间》，中信出版社 2012 年版。

[23] 程伟：《开发性金融理论与实践导论》，辽宁大学出版社 2005 年版。

[24] ［美］戴维·N. 韦尔：《经济增长》，王劲峰等译，中国人民大学出版社 2011 年版。

[25] 单晓娅等：《西部工业化与生态文明协调发展存在的问题及对策》，载《调研世界》2017 年第 1 期。

[26] ［美］德怀特·波金斯等：《发展经济学》（第六版），彭刚等译，中国人民大学出版社 2013 年版。

[27] 邓瑛：《生态金融论》，载《金融理论与实践》2002 年第 1 期。

[28] 董礼胜：《国际行政学顶级研究成果：国际行政院校联合会最佳论文集》，中国社会出版社 2014 年版。

[29] 范恒山：《率先行动持续开拓再创东、中部地区发展新辉煌》，载《宏观经济管理》2017 年第 1 期。

[30] 冯海发：《总要素生产率与农村发展》，载《当代经济科学》1993 年第 2 期。

[31] 冯骊：《美国联邦担保助学贷款制度的终结及启示》，载《河南社会科学》2014 年第 8 期。

[32] ［美］弗雷德里克·米什金：《货币金融学》（原版第九版，2009 年修订），中国人民大学出版社 2011 年版。

[33] 干春晖：《中国产业结构变迁对经济增长和波动的影响》，载《经济研究》2011 年第 5 期。

[34] 高尚涛：《国际关系理论基础》，时事出版社 2009 年版。

[35] 郭田勇等：《普惠金融的国际比较研究——基于银行服务的视角》，载

《国际金融研究》2015 年第 2 期。

[36] 国家开发银行、中国人民大学联合课题组：《开发性金融论纲》，中国人民大学出版社 2006 年版。

[37] 国家开发银行、财政部财政科学研究所联合课题组：《开发性金融与健康财政的和谐发展》，经济科学出版社 2010 年版。

[38] 国家开发银行规划院：《科学发展规划理论与实践》，中国财政经济出版社 2013 年版。

[39]《国家开发银行史》编辑委员会：《国家开发银行史 1994－2012》，中国金融出版社 2013 年版，第 55 页。

[40] 国家开发银行政策研究室：《开发性金融热词》，人民日报出版社 2016 年版。

[41] 贺俊、吕铁：《从产业结构到现代产业体系：继承、批判与拓展》，载《中国人民大学学报》2015 年第 2 期。

[42] 胡舒立：《新常态改变中国》，民主与建设出版社 2014 年版。

[43] 华桂宏等：《金融服务民生：范畴演化与阶段推进》，载《南京政治学院学报》2014 年第 3 期。

[44] 黄薇：《风险视角下中国保险公司效率的实证研究》，载《数量经济技术经济研究》2008 年第 12 期。

[45] 贾康等：《新供给经济学》，山西经济出版社 2015 年版。

[46][德] 卡尔·马克思：《资本论》，人民出版社 2004 年版。

[47][美] 拉斯·特维德：《逃不开的经济周期》，董裕平译，中信出版社 2012 年版。

[48][美] 弗雷德里克·米什金：《下一轮伟大的全球化——金融体系与落后国家的发展》，姜世明译，中信出版社 2007 年版。

[49] 李怀祖：《管理研究方法论》，西安交通大学出版社 2004 年版。

[50] 李曦光：《开发性金融对中国经济影响的实证研究》，载《投资研究》2015 年第 11 期。

[51] 李志辉、黎维彬：《中国开发性金融理论、政策与实践》，中国金融出版社 2010 年版。

[52] 厉以宁：《非均衡的中国经济》，中国大百科全书出版社 2015 年版。

[53] 廖先玲等：《基于"索洛余值"改进模型的山东省技术进步贡献率测算研究》，载《科技进步与对策》2010 年第 11 期。

[54] 林放：《开发性金融在湖北探索与实践》，湖北日报特别书局 2014 年版。

[55] 林毅夫：《新结构经济学》，北京大学出版社 2012 年版。

[56] 刘汉林：《西方理论经济学》，成都时代出版社 2003 年版。

[57] 刘敏、尚新玲：《基于索洛余值法的西安科技进步贡献率测算研究》，载《科技广场》2008 年第 9 期。

[58] 刘瑞翔、安同良：《资源环境约束下中国经济增长绩效变化趋势与因素分析——基于一种新型生产率指数构建与分解方法的研究》，载《经济研究》2012 年第 11 期。

[59] 刘世锦：《攀登效率高地——中国经济增长十年展望》，中信出版集团 2015 年版。

[60] 刘伟：《中国经济增长报告》，北京大学出版社 2015 年版。

[61] 刘勇：《中国地方政府及融资平台债务问题研究》，中国财政出版社 2012 年版。

[62] 刘志彪：《产业升级的发展效应及其动因分析》，载《南京师大学报（社会科学版）》2002 年第 2 期。

[63] 卢现祥、朱巧玲：《新制度经济学》，北京大学出版社 2012 年版。

[64] ［美］罗伯特·夏皮罗：《下一轮全球趋势》，刘纯毅译，中信出版社 2009 年版。

[65] ［英］罗纳德·哈里·科斯、王宁：《变革中国》，中信出版社 2013 年版。

[66] ［奥地利］路德维希·冯·米塞斯：《货币和信用理论》，商务印书馆 2015 年版。

[67] 牛文元：《中国可持续发展的理论与实践》，载《中国科学院院刊》2012 年第 3 期。

[68] 潘成龙：《解析俄罗斯开发与对外经济银行的建立与实践》，载《俄罗斯研究》2013 年第 4 期。

[69] 彭刚等：《发展经济学》，中国人民大学出版社 2007 年版。

[70] 彭文平：《亚洲开发银行对东盟国家的高等教育援助》，载《东南亚研究》2014 年第 5 期。

[71] ［日］青木昌彦、吴敬琏：《中国经济新转型》，译林出版社 2014 年版。

[72] 邱晓华、管清友：《新常态经济》，中信出版社 2015 年版。

[73] 沈联涛：《金融、发展和改革》，中信出版社 2014 年版。

[74] ［美］斯坦利·布鲁等：《经济思想史》（第 7 版），邱晓燕等译，北京大学出版社 2008 年版，第 322 页。

[75] 滕泰：《民富论——新供给主义百年强国之路》，东方出版社 2013 年版。

[76] 王兵、朱宁：《不良贷款约束下的中国上市商业银行效率和全要素生产率研究——基于 SBM 方向性距离函数的实证分析》，载《金融研究》2011 年

第 1 期。

[77] 王德祥、李建军：《我国税收征管效率及其影响因素——基于随机前沿分析（SFA）技术的实证研究》，载《数量经济技术经济研究》2009 年第 4 期。

[78] 王元龙：《中国抉择——走向国际金融强国战略》，中国金融出版社 2011 年版。

[79] 王治超：《经济增长与结构转换——评钱纳里新著〈工业化和经济增长的比较研究〉》，载《经济科学》1990 年第 2 期。

[80] 魏加宁等：《地方政府债务》，机械工业出版社 2014 年版。

[81] 魏下海、余玲铮：《中国全要素生产率变动的再测算与适用性研究——基于数据包络分析与随机前沿分析方法的比较》，载《华中农业大学学报（社会科学版）》2011 年第 3 期。

[82] 肖艳旻、金哲：《中国政治金融论》，群言出版社 2013 年版。

[83] 杨涤：《金融资源配置论》，中国金融出版社 2011 年版。

[84] 益言：《开发性金融机构发展历程及面临挑战》，载《金融发展》2016 年第 7 期。

[85] 于刃刚：《配第—克拉克定理评述》，载《经济学动态》1996 年第 8 期。

[86] ［美］约瑟夫·熊彼特：《经济发展理论》，郭武军等译，华夏出版社 2015 年版。

[87] 张健华：《我国商业银行效率研究的 DEA 方法及 1997～2001 年效率的实证分析》，载《金融研究》2003 年第 3 期。

[88] 张占斌等：《中国特色社会主义政治经济学》，湖北教育出版社 2016 年版。

[89] 赵昌文、朱鸿鸣：《从攫取到共容—金融改革的逻辑》，中信出版集团 2015 年版。

[90] 赵华林：《发展生态金融，建设生态文明》，载《环境保护》2015 年第 2 期。

[91] 赵磊：《一带一路——中国的文明崛起》，中信出版集团 2015 年版。

[92] 中国工程科技发展战略研究院：《2017 中国战略性新兴产业发展报告》，科学出版社 2016 年版。

[93] 中国开发性金融促进会：《全球开发性金融报 2015》，中信出版集团 2016 年版。

[94] 中国人民银行：《中国共产党领导下的金融发展简史》，中国金融出版社 2012 年版。

[95] 中国人民银行金融稳定分析小组：《中国金融稳定报告 2016》，中国金

融出版社 2016 年版。

[96] 周小川：《国际金融危机：观察、分析与应对》，中国金融出版社 2012 年版。

[97] 周幼曼：《中国基本公共服务资金供需研究》，中央党校博士论文，2014 年。

[98] 朱卫平、陈 林：《产业升级的内涵与模式研究》，载《经济学家》2011 年 2 月。

[99] [美] 兹维·博迪等：《金融学》（第二版），曹辉等译，中国人民大学出版社，2013 年版。

[100] Beatriz Armend'ariz de Aghion, Development banking, Journal of Development Economics, Vol. 58, 1999. pp. 83 – 100.

[101] Christa Hainz, Stefanie Cleimeier: Political risk, project finance, and the participation of development banks in syndicated lending J. Finan. Intermediation 21, 2012, pp. 287 – 314.

[102] Emerson, J. W., A. Hsu, M. A. Levy, A. de Sherbinin, V. Mara, D. C. Esty, and M. Jaiteh, 2012 Environmental Performance Index and Pilot Trend Environmental Performance Index, New Haven: Yale Center for Environmental Law and Policy, 2012.

[103] Franklin Allena, Jun Qianb, Meijun Qianb, Law, finance, and economic growthin China. Journal of Financial Economics, Vol. 77, 2005, pp. 57 – 116.

[104] Fukuyama, H., and W. L. Weber, A directional slacks-based measure of technical inefficiency, Socio – Economic Planning Sciences, Vol. 43, No. 4, 2009, pp. 274 – 287.

[105] George C. S. Lin & Fangxin Yi, Urbanization of Capital or Capitalization on Urban Land? Land Development and Local Public Finance in Urbanizing China. Urban Geography, Vol. 32, 2011, pp. 50 – 79.

[106] Jacob Yaron, Successful Rural Finance Institutions, Yaron, Jacob Finance and Development; Mar 1, 1994; 31, 1; ProQuest pg. 32

[107] Jeremy Bulow and Kenneth Rogoff, Grants versus Loans for Development Banks, The American Economic Review, Vol. 95, No. 2, Papers and Proceedings of the One Hundred Seventeenth Annual Meeting of the American Economic Association, Philadelphia, PA, January 7 – 9, 2005, pp. 393 – 397

[108] Jian – Ye Wang, What Drives China's Growing Role in Africa? IMF working Paper. © 2007 International Monetary Fund.

［109］Jrustin Yifu Lin, Jeffrey B. Nugent, Institutions And Economic Development, Handbook of Development Economics, Volume Iii, Edited By J. Behrman And T. N. Srinivasan, © Elsevier Science B. V. , 1995.

［110］Kellee S. Tsal, Imperfect Substitutes: The Local Political Economy of Informal Finance and Microfinance in Rural China and India. World Development Vol. 32, No. 9, 2004, pp. 1487 – 1507.

［111］Lindsey Appleyard, Community Development Finance Institutions（CDFIs）: Geographies of financial inclusion in the US and UK. Geoforum, Vol. 42, 2011, pp. 250 – 258.

［112］M. A. Taslim, The Canadian Journal of Economics/Revue canadienne d'Economique, Vol. 28, No. 4a（Nov. , 1995）, pp. 961 – 972.

［113］Martyn Davies, How China delivers development assistance to Africa, A research undertaking by the Centre for Chinese Studies, prepared for the Department for International Development（DFID）, Beijing. Centre for Chinese Studies, University of Stellenbosch. First released: February 2008.

［114］Panicos Demetriades, Finance, Institutions and Economic Development, International Journal of Finance & Economics, July 2006.

［115］Qi LIANG, Jian – Zhou TENG, Financial development and economic growth: Evidence from China, China Economic Review Vol. 17, 2006, pp. 395 – 411.

［116］R. Bandyopadhyay and K. V. Patel, Development Banking in Rural Areas, Source: Economic and Political Weekly, Vol. 22, No. 16（Apr. 18, 1987）, pp. 703 – 704 + 706 – 707.

［117］Ruggiero J. , Nonparametric Estimation of Returns to Scale in the Public Sector with an Application to the Provision of Educational Services, The Journal of the Operational Research Society, No. 51, 2000, pp. 906 – 912.

［118］Worthington A. C. , Cost Efficiency in Australian Local Government: A Comparative Analysis of Mathematical Programming and Econometric Approaches. Financial Accountability and Management, No. 16, 2000, pp. 201 – 224.

［119］Sergio G. Lazzarini, Aldo Musacchio, Rodrigo Bandeira – De – Mello And Rosilene Marcon, What Do State – Owned Development Banks Do? Evidence from BNDES, 2002 – 09 World Development, Vol. 66, 2015, pp. 237 – 253.

［120］Sylvie D'emurger, Infrastructure Development and Economic Growth: An Explanation for Regional Disparities in China? Journal of Comparative Economics,

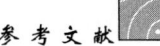

Vol. 29, 2011, pp. 95 – 117.

[121] The Growing Role of the Development Finance Institutions in International Development Policy. Published by Dalberg Global Development Advisors-Copenhagen, 2010.

[122] Tone K. , A slacks based measure of efficiency in data envelopment analysis, European Journal of Operational Research, Vol. 130, 2001, pp. 498 – 509.

[123] Xing Quan Zhang, The restructuring of the housing finance system in urban China. Cities, Vol. 17, No. 5, 2000, pp. 339 – 348.